Korte Verhalen in het Tsjechië

Korte verhalen in Tsjechië voor beginners en gevorderden

Natálie Novotný

greenthumbpublishing@gmail.com

Inhoud

Inleiding

Lezen in een vreemde taal is een van de meest effectieve manieren om uw taalvaardigheid te verbeteren en uw woordenschat uit te breiden. Toch kan het soms moeilijk zijn om boeiend leesmateriaal op een geschikt niveau te vinden dat een gevoel van prestatie en vooruitgang geeft. De meeste boeken en artikelen die voor moedertaalsprekers zijn geschreven, kunnen te lang zijn en moeilijk te begrijpen, of kunnen een woordenschat op zeer hoog niveau hebben, zodat u zich overweldigd voelt en het opgeeft. Als deze problemen bekend klinken, dan is dit boek iets voor jou!

Korte Verhalen in het Tsjechië is een verzameling van 25 onconventionele en onderhoudende korte verhalen die zijn ontworpen om beginnende tot gemiddeld niveau Tsjechië lerenden te helpen hun taalvaardigheden te verbeteren.

Deze korte verhalen creëren een ondersteunende leesomgeving door het opnemen van:

- Rijke taalkundige inhoud in verschillende genres om u te vermaken en u bloot te stellen aan een verscheidenheid van woordvormen.
- Kortere verhalen in hoofdstukken om u de voldoening te geven verhalen af te maken en snel vooruitgang te boeken.
- Teksten die op uw niveau geschreven zijn, zodat ze gemakkelijker te begrijpen zijn en niet overweldigend.
- Nederlandse vertaling op wisselende pagina's, zodat u er regel voor regel direct naar kunt verwijzen terwijl u het Tsjechië verhaal leest.
- De belangrijkste woordenschat staat vetgedrukt in

het hele verhaal en de vertaling, zodat u onbekende woorden gemakkelijker kunt begrijpen.
- Begrijpelijke vragen om uw begrip van belangrijke gebeurtenissen te testen en om u aan te moedigen meer in detail te lezen.

Dus of u nu uw woordenschat wilt uitbreiden, uw begrip wilt verbeteren of gewoon voor uw plezier wilt lezen, dit boek is de grootste stap voorwaarts die u dit jaar in uw studie zult maken. Korte Verhalen in het Tsjechië geeft u alle steun die u nodig hebt, dus leun achterover, ontspan, en laat uw fantasie de vrije loop terwijl u wordt meegevoerd naar een magische wereld van avontuur, mysterie en intrige - in het Tsjechië!

Hoe dit boek te gebruiken

Lezen is een moeilijk talent om onder de knie te krijgen. We gebruiken een reeks microvaardigheden om ons te helpen lezen in onze moedertaal. We kunnen bijvoorbeeld een passage doornemen om een globaal idee te krijgen van waar het over gaat. Of we kammen een groot aantal bladzijden van een treindienstregeling door op zoek naar een specifieke tijd of plaats. Terwijl deze microvaardigheden een tweede natuur zijn bij het lezen in onze moedertaal, blijkt uit onderzoek dat we de meeste ervan vaak vergeten bij het lezen in een vreemde taal. Wanneer we een vreemde taal leren, beginnen we gewoonlijk bij het begin van een tekst en werken we ons een weg door de tekst, waarbij we elk woord proberen te begrijpen. Onvermijdelijk komen we onbekende of ingewikkelde termen tegen en raken we geïrriteerd door ons onvermogen om ze te begrijpen.

Een van de grootste voordelen van het lezen in een vreemde taal is dat je wordt blootgesteld aan een groot aantal zinnen en uitdrukkingen die in alledaagse situaties worden gebruikt. Extensief lezen is een term die wordt gebruikt om het lezen voor plezier aan te duiden om een taal te leren. Het is niet zoals het lezen van een tekstboek, wanneer gesprekken of teksten zijn ontworpen om langzaam en zorgvuldig te worden gelezen met het doel om elk woord te begrijpen. “Intensief lezen” verwijst naar lezen dat wordt gedaan om specifieke leerdoelen te bereiken of taken te voltooien. Anders gezegd, intensief lezen in tekstboeken helpt meestal bij het leren van grammaticaregels en bepaalde woordenschat, maar extensief lezen van verhalen helpt bij het leren van natuurlijke taal.

Korte Verhalen in het Tsjechië biedt u de mogelijkheid om meer te leren over natuurlijk Tsjechië taalgebruik, ook al bent u uw taalleertocht misschien begonnen met uitsluitend tekstboeken. Hier zijn een paar tips om in gedachten te houden als u de verhalen in dit boek leest om er het meeste uit te halen: Als het op lezen aankomt, zijn plezier en een gevoel van vervulling van cruciaal belang. Je blijft terugkomen voor meer omdat je geniet van wat je aan het lezen bent. Elk verhaal van begin tot eind lezen is de beste methode om plezier te beleven aan het lezen van verhalen en je volbracht te voelen. Het belangrijkste is dan ook om het einde van een verhaal te halen. Dat is eigenlijk nog belangrijker dan elk woord te kennen.

Hoe meer je leest, hoe meer kennis je zult opdoen. U zult snel een kennis hebben van hoe Tsjechië werkt als u grotere boeken leest voor uw plezier. Bedenk echter wel dat u, om ten volle van de voordelen van extensief lezen te kunnen profiteren, eerst een voldoende omvangrijk boek moet lezen. Door hier en daar een paar bladzijden te lezen leert u misschien een paar nieuwe woorden, maar het zal geen significant verschil maken in uw algehele niveau van Tsjechië.

Accepteer dat je niet alles zult begrijpen van wat je in een roman leest. Dit is, zonder twijfel, het meest cruciale punt! Onthoud altijd dat het volkomen aanvaardbaar is dat u niet alle woorden of zinnen begrijpt. Het betekent niet dat je taalvaardigheden ontoereikend zijn of dat je slecht presteert. Het geeft aan dat u actief betrokken bent bij het leerproces.

Leesgids

Om het meeste uit het lezen van Korte Verhalen in het Tsjechië te halen, kunt u het beste dit eenvoudige leesproces in zes stappen volgen voor elk hoofdstuk van de verhalen:

1. Lees de titel van het hoofdstuk. Denk na over waar het verhaal over zou kunnen gaan. Lees dan het verhaal helemaal door. Uw doel is gewoon het einde van het verhaal te bereiken. Stop daarom niet om woorden op te zoeken en maak u geen zorgen als er dingen zijn die u niet begrijpt. Probeer gewoon de plot te volgen.

2. Wanneer u het einde van het verhaal hebt bereikt, scant u de Nederlandse vertaling om te zien of u hebt begrepen wat er is gebeurd en pikt u alle context op die u misschien hebt gemist.

3. Ga terug en lees hetzelfde verhaal opnieuw. Als u wilt, kunt u zich meer op de details van het verhaal concentreren, maar anders leest u het gewoon nog een keer door.

4. Werk vervolgens door de begripsvragen in Tsjechië om te controleren of u de belangrijkste gebeurtenissen in het verhaal begrijpt. Als u de vragen niet helemaal begrijpt, hoeft u zich geen zorgen te maken. Gebruik uw kennis om zo goed mogelijk te antwoorden.

5. Op dit punt moet u de belangrijkste gebeurtenissen van het hoofdstuk enigszins begrijpen. Als dat niet het geval is, kunt u het hoofdstuk een paar keer herlezen, waarbij u de vertaling gebruikt om onbekende woorden en zinnen te controleren, totdat u zich zeker voelt.

Zodra u klaar bent en zeker weet dat u begrijpt wat er is gebeurd - of dat nu na één lezing van het verhaal is of na meerdere - gaat u verder met het volgende verhaal en geniet u verder van het verhaal in uw eigen tempo, net zoals u van elk ander boek zou genieten.

Pas als u een verhaal in zijn geheel hebt uitgelezen, moet u overwegen terug te gaan en de verhaaltaal desgewenst verder uit te diepen. Of in plaats van u zorgen te maken of u alles begrijpt, de tijd te nemen om u te concentreren op alles wat u hebt begrepen en uzelf te feliciteren met alles wat u hebt gedaan.

Korte Verhalen

in het Tsjechië

Natálie Novotný

Pražský hrad

První, co mě na Pražském hradě zaujalo, byla jeho velikost. Tyčil se nad městem, mohutná **stavba z** kamene a malty. Když jsem procházel branou a vcházel na nádvoří, cítil jsem úctu. Hrad byl jako z pohádky, s věžičkami a věžičkami sahajícími až k **nebi**. Hodiny jsem se toulal po hradě a prozkoumával každé jeho zákoutí. Obdivovala jsem složité kamenické práce, krásné malby na stěnách a nádherný výhled na Prahu z vrcholků **věží**. Když se začalo stmívat, ocitl jsem se před posledními dveřmi vedoucími do něčeho, co vypadalo jako opuštěná část hradu. Zvědavost zvítězila a já prošel **dveřmi** a vstoupil do tmy za nimi.

Pocítil jsem náhlý chlad, jako bych vstoupil na **chladné**, temné místo. Jediné světlo vycházelo ze slabé záře vycházející odněkud z hloubi hradu. Začal jsem kráčet směrem ke světlu a mé kroky se odrážely v prázdnotě kolem mě. Když jsem se přiblížila, viděla jsem, že světlo vychází ze staromódní lampy zavěšené na zdi. Vedle ní byly mírně pootevřené dveře. **Škvírou** ve dveřích jsem viděla další místnost osvětlenou svíčkami. Odstrčil jsem dveře a opatrně vstoupil do místnosti. Vypadalo to na nějakou knihovnu nebo pracovnu, soudě podle všech **polic s knihami, které** lemovaly stěny pokryté prachovými deskami. Přede mnou stál

Kasteel van Praag

Het eerste wat me opviel aan de Praagse Burcht was de omvang. Het torende boven de stad uit, een massief **bouwwerk** van steen en mortel. Ik voelde een gevoel van ontzag toen ik door de poorten en op de binnenplaats liep. Het kasteel was als iets uit een sprookje, met zijn torentjes en torenspitsen die tot in **de hemel reikten**. Ik dwaalde uren rond en verkende elk hoekje en gaatje van het kasteel. Ik verwonderde me over het ingewikkelde steenwerk, de prachtige schilderijen op de muren en het prachtige uitzicht over Praag vanaf de **torens**. Toen de avond begon te vallen, stond ik voor een laatste deur die toegang gaf tot wat een verlaten deel van het kasteel leek. Nieuwsgierigheid won het en ik stapte door de **deur** en in de duisternis daarachter.

Ik voelde een plotselinge kilte, alsof ik een **koude**, donkere plaats was binnengelopen. Het enige licht kwam van een zwak schijnsel dat ergens diep in het kasteel uitging. Ik begon naar het licht toe te lopen, mijn voetstappen echoënd in de leegte om mij heen. Toen ik dichterbij kwam, kon ik zien dat het licht afkomstig was van een ouderwetse lamp die aan een muur hing. Daarnaast was er een deur die op een kleine kier stond. Door de **kier** in de deur kon ik een andere

velký stůl zavalený papíry a za ním starobyle vypadající **kožené** křeslo. Najednou jsem zaslechl, jak v jednom rohu místnosti někdo prudce zakašlal. Poplašeně jsem se otočil směrem, odkud hluk vycházel, jen abych stanul tváří v tvář nejděsivějšímu **stvoření,** jaké si lze představit. Byla to kostra, ale jiná, než jakou jsem kdy viděl.

Měl na sobě potrhané šaty a dlouhý **černý** plášť. Oči mu ve tmě rudě zářily a ústa měl otevřená v tichém výkřiku. Stála jsem jako přimražená strachy, neschopná se pohnout, ba ani vykřiknout. Kostlivec se ke mně začal pomalu přibližovat a jeho **kostnaté** prsty se natahovaly po mém hrdle. Zavřel jsem oči a čekal na konec, ale ten nepřicházel. Když jsem se je odvážila znovu otevřít, kostlivec byl pryč a já se ocitla v místnosti opět sama. Otřesená jsem se vydala zpátky. Když jsem opouštěla **hrad,** nemohla jsem si pomoct, ale cítila jsem, že něco není v pořádku. Na tom místě bylo něco, co ve mně vyvolávalo nepříjemný pocit. Možná to bylo jen proto, že vypadal tak opuštěně a **strašidelně,** nebo se v jeho zdech opravdu skrývá něco zlověstného. Ať tak či onak, jedno jsem věděla jistě: na Pražský hrad se už nikdy nevrátím.

kamer zien, verlicht door kaarsen. Ik duwde de deur open en ging voorzichtig de kamer binnen. Het leek een soort bibliotheek of studeerkamer te zijn, te oordelen naar alle **boekenplanken** langs de muren die bedekt waren met stoflakens. Voor mij stond een groot bureau, volgestapeld met papieren, met daarachter een antiek uitziende **leren** fauteuil. Plotseling hoorde ik iemand heftig hoesten in een hoek van de kamer. Geschrokken draaide ik me naar de richting van het geluid om oog in oog te staan met het meest angstaanjagende **wezen** dat ik me kon voorstellen. Het was een skelet, maar niet zoals ik ooit eerder had gezien.

Het droeg haveloze kleren en een lange **zwarte** mantel. Zijn ogen gloeiden rood in de duisternis, en zijn mond was open in een stille schreeuw. Ik stond verstijfd van angst, niet in staat om te bewegen of zelfs maar te schreeuwen. Het skelet stapte langzaam op me af, zijn **knokige** vingers reikten naar mijn keel. Ik sloot mijn ogen, wachtend op het einde, maar dat kwam niet. Toen ik ze weer durfde te openen, was het skelet verdwenen en bevond ik me weer alleen in de kamer. Geschokt ging ik terug. Toen ik het **kasteel** verliet, had ik het gevoel dat er iets niet klopte. Er was iets aan die plek dat me een ongemakkelijk gevoel gaf. Misschien was het alleen maar omdat het er zo verlaten en **griezelig** uitzag, of misschien schuilt er echt iets sinisters binnen die muren. Hoe dan ook, ik wist één ding zeker: ik zou nooit meer terugkomen naar de Praagse Burcht.

Otázky s porozuměním

1. Co vypravěče na Pražském hradě zaujalo jako první?

2. Jak se vypravěč cítil, když procházeli branou na nádvoří hradu?

3. Jak vypadá hrad?

4. Co dělá vypravěč uvnitř hradu?

5. Co vypravěč vidí, když vstoupí do knihovny/ studovny?

6. Popište bytost, kterou vypravěč vidí v knihovně/ studovně.

7. Co se stane s tvorem, když vypravěč zavře oči?

8. Jak se vypravěč cítí, když opouštějí hrad?

9. Proč vypravěč říká, že se na Pražský hrad už nikdy nevrátí?

10. Myslíte si, že si vypravěč bytost, kterou viděl v knihovně/studovně, vymyslel, nebo byla skutečná?

Begrip vragen

1. Wat is het eerste dat de verteller opvalt aan de Praagse Burcht?

2. Hoe voelde de verteller zich toen ze door de poorten de binnenplaats van het kasteel opliepen?

3. Hoe ziet het kasteel eruit?

4. Wat doet de verteller in het kasteel?

5. Wat ziet de verteller als hij de bibliotheek/studiezaal binnenkomt?

6. Beschrijf het schepsel dat de verteller in de bibliotheek/studie ziet.

7. Wat gebeurt er met het schepsel als de verteller zijn ogen sluit?

8. Hoe voelt de verteller zich als ze het kasteel verlaten?

9. Waarom zegt de verteller dat ze nooit meer terug zullen komen naar de Praagse Burcht?

10. Denk je dat de verteller zich het wezen dat hij in de bibliotheek/studie zag verbeeldde, of denk je dat het echt was?

Guláš

Byl chladný zimní večer a Guláš pociťoval mimořádný hlad. Celý den byl na lovu, ale podařilo se mu chytit jen pár **zajíců**. Když se blížil ke svému domu, viděl okny teplou záři ohně a cítil vůni výborného guláše, který vařila jeho žena. Když vstoupil do domu, zakručelo mu v břiše. "Á, tady jsi," řekla jeho žena, "zrovna jsem se chystala na talíř." Guláš se posadil ke stolu a s chutí se pustil do **večeře**. Guláš chutnal ještě lépe, než voněl, a brzy uklidil **talíř**. Spokojeně se opřel a spokojeně si odfrkl. "To byl dobrý guláš, drahá," řekl. "Nevím, co bych si bez tebe počal."

Jeho žena se usmála a začala uklízet talíře. Guláš si přitom koutkem oka všiml pohybu. Otočil se a spatřil velkou krysu, jak se plazí po podlaze směrem ke zbytkům jídla na talíři. Bez přemýšlení natáhl ruku a chytil **krysu** za ocas. Vyděšeně zakvičela, když s ní zatočil a pak ji vyhodil z otevřených dveří do chladného nočního vzduchu. "Gulá!" vykřikla jeho žena v šoku. "Co to proboha děláš?" Guláš ovčácky pokrčil rameny. "Nevím," odpověděl, "jen mi to v tu chvíli přišlo jako dobrý nápad." Druhý den se Guláš opět vydal na **lov.** Tentokrát byl odhodlaný ulovit jelena. Sledoval jednoho z nich celé hodiny po lese, ale vždy se mu podařilo zůstat těsně mimo dosah. Když se začalo stmívat,

Guláš

Het was een koude winteravond, en Guláš voelde zich bijzonder hongerig. Hij was de hele dag op jacht geweest, maar had slechts een paar **konijnen gevangen**. Toen hij zijn huis naderde, zag hij door de ramen de warme gloed van het vuur en rook hij de heerlijke goulash van zijn vrouw. Zijn maag knorde toen hij het huis binnenging. “Ah, daar ben je,” zei zijn vrouw, “ik wilde net gaan afwassen.” Guláš ging aan tafel zitten en at gretig zijn **maaltijd op**. De goulash smaakte nog beter dan het rook, en al snel had hij zijn **bord leeg**. Hij leunde tevreden achterover en liet een tevreden boer. “Dat was een goede goulash, mijn liefste,” zei hij. “Ik weet niet wat ik zonder jou zou moeten.”

Zijn vrouw glimlachte en begon de borden af te ruimen. Terwijl ze dat deed, merkte Guláš een beweging op vanuit zijn ooghoek. Hij draaide zich om en zag een grote rat over de vloer scharrelen in de richting van het overgebleven eten op zijn bord. Zonder na te denken, stak hij zijn hand uit en greep de **rat** bij zijn staart. De rat gilde van schrik toen hij hem heen en weer slingerde en hem door de open deur de koude nachtlucht in smeet. “Gulá!” riep zijn vrouw geschokt. “Wat ben je in hemelsnaam aan het doen?” Guláš haalde schaapachtig zijn schouders op. “Ik weet het

konečně jelena zahnal do kouta na mýtině. Stál tam roztřesený, oči vytřeštěné **strachem**. Guláš na okamžik pocítil soucit se zvířetem, ale pak mu zakručelo v žaludku a on věděl, co musí udělat. Zamířil a vystřelil šíp, ale v poslední vteřině jelen uskočil na stranu a šíp ho jen škrábl do **boku**. Jelen se rozběhl do lesa a Guláš ho horlivě pronásledoval.

Najednou se pod ním propadla zem a on se ocitl ve skryté **rokli**. Když se Guláš probral, ležel na zádech na dně rokle a zíral na hvězdy nad hlavou. Bolela ho hlava, a když se pokusil pohnout, bolest mu projela tělem jako **blesk**. Při tom pádu si musel něco zlomit, pomyslel si chmurně. Nebylo možné, aby se sám vyšplhal zpátky nahoru. Právě když se Guláš začínal smiřovat se svým osudem, uslyšel shora hlasy a uviděl paprsky baterek odrážející se od stěn rokle. Zaplavila ho úleva, když slabě zvedl baterku do vzduchu, aby dal znamení o pomoc.

niet," antwoordde hij, "het leek me gewoon een goed idee op dat moment." De volgende dag ging Guláš weer op **jacht**. Deze keer was hij vastbesloten een hert te vangen. Urenlang volgde hij er een door het bos, maar het lukte hem steeds net buiten bereik te blijven. Toen de nacht begon te vallen, dreef hij het hert eindelijk in het nauw op een open plek. Het stond daar te beven, zijn ogen wijd open van **angst**. Guláš voelde even medelijden met het dier, maar toen gromde zijn maag en wist hij wat hem te doen stond. Hij richtte en vuurde zijn pijl af, maar op het laatste moment sprong het hert opzij en het schampte slechts zijn **flank**. Het hert vluchtte het bos in, met Guláš in zijn achtervolging.

Plotseling begaf de grond het onder hem, en hij viel in een verborgen **ravijn**. Toen Guláš bijkwam, lag hij op zijn rug op de bodem van het ravijn, starend naar de sterrenhemel. Zijn hoofd deed pijn, en toen hij zich probeerde te bewegen, schoot de pijn als bliksemschichten door zijn lichaam. Hij moet iets gebroken hebben tijdens die val, dacht hij grimmig. Hij zou op geen enkele manier zelf weer naar boven kunnen klimmen. Net toen Guláš zijn lot begon te accepteren, hoorde hij stemmen van boven en zag hij flitslichtstralen weerkaatsen tegen de wanden van het ravijn. Opluchting overspoelde hem toen hij zijn zaklamp zwakjes in de lucht stak om hulp te vragen.

Otázky s porozuměním

1. Co chce hlavní hrdina udělat?

2. Proč to hlavní hrdina cítí?

3. Jak se hlavní hrdina cítí po svém rozhodnutí?

4. Co udělá hlavní hrdina dál?

5. Jaký je cíl hlavního hrdiny?

6. Jak chce hlavní hrdina tohoto cíle dosáhnout?

7. Jaké překážky stojí hlavnímu hrdinovi v cestě?

8. Jak hlavní hrdina překonává tyto překážky?

9. Jaké je vyvrcholení příběhu?

10. Jaké je rozuzlení příběhu?

Begrip vragen

1. Wat wil de hoofdpersoon doen?

2. Waarom voelt de hoofdpersoon zich zo?

3. Hoe voelt de hoofdpersoon zich over zijn beslissing?

4. Wat doet de hoofdpersoon vervolgens?

5. Wat is het doel van de hoofdpersoon?

6. Hoe denkt de hoofdpersoon dit doel te bereiken?

7. Wat zijn de obstakels die de hoofdpersoon in de weg staan?

8. Hoe overwint de hoofdpersoon deze obstakels?

9. Wat is de climax van het verhaal?

10. Wat is de oplossing van het verhaal?

Katedrála svatého Víta

Katedrála svatého Víta se tyčila nad městem jako temný **monolit**. Říkalo se, že katedrála byla postavena na prokleté půdě, a zdálo se, že vyzařuje auru předtuchy. Nikdo přesně nevěděl, co se v jejích zdech děje, ale kolovaly o ní zvěsti... strašlivé zvěsti. Někteří říkali, že kněží obětovali děti Satanovi, jiní tvrdili, že prováděli nevýslovné rituály zahrnující **krev** a smrt. Po setmění se do katedrály nikdo neodvážil vstoupit, protože se bál, co by v jejích stinných prostorách mohl najít. Jednoho večera se mladá žena jménem Sarah rozhodla odvážně vstoupit do temnoty katedrály svatého Víta. Vždy ji fascinovaly příběhy, které o ní slyšela, a chtěla se přesvědčit, zda je na nich něco **pravdy.**

Když se blížila k impozantní stavbě, cítila, jak jí srdce buší v hrudi. Ruka se jí třásla, když sahala po klice, ale ovládla se a otevřela těžké dveře. Sarah se ocitla ve **velké** lodi lemované řadami lavic, které vedly k oltáři, u něhož stála socha samotného Satana obklopená svícemi hořícími černými plameny. Zaplavil ji pocit strachu, když si uvědomila, že možná udělala chybu, když sem přišla sama. Náhle uslyšela **kroky, které** se ozývaly prázdným kostelem, a někdo ji zezadu popadl!

St. Vitus Kathedraal

De St. Vitus kathedraal torende als een donkere **monoliet** boven de stad uit. Er werd gezegd dat de kathedraal was gebouwd op vervloekte grond, en het leek een aura van voorgevoel uit te stralen. Niemand wist precies wat er binnen de muren gebeurde, maar er waren geruchten... verschrikkelijke geruchten. Sommigen zeiden dat de priesters kinderen aan Satan offerden, terwijl anderen beweerden dat ze onuitsprekelijke rituelen uitvoerden waarbij **bloed** en dood te pas kwamen. Niemand durfde de kathedraal na het vallen van de avond binnen te gaan, uit angst voor wat ze zouden aantreffen binnen de schimmige muren. Op een avond besloot een jonge vrouw, Sarah, de duisternis van de St. Vitus kathedraal te trotseren. Ze was altijd al gefascineerd geweest door de verhalen die ze erover had gehoord, en ze wilde zien of er iets van **waar** was.

Toen ze het imposante gebouw naderde, voelde ze haar hart tekeergaan in haar borstkas. Haar hand trilde toen ze naar de deurklink reikte, maar ze zette zich schrap en duwde de zware deur open. Sarah bevond zich in een **groot** schip met rijen kerkbanken die naar een altaar leidden waarop een standbeeld van

Sarah se snažila vyprostit ze sevření útočníka, ale nebylo to nic platné. Ten, kdo ji popadl, byl příliš silný. Pokusila se křičet o pomoc, ale **ruka** jí sevřela ústa a ztlumila její výkřik. Byla vlečena k oltáři, kde se tyčila velká a hrozivá socha Satana. Její únosce ji přinutil pokleknout před sochou a pak jí **provazem** svázal ruce za zády. Sára cítila, jak jí v žilách koluje hrůza, když si uvědomila, že bude obětována.

Osoba, která ji chytila, začala zpívat v podivném jazyce a Sára cítila, že ze sochy vyzařuje zlá přítomnost. Náhle se kolem oltáře objevila černá **mlha a** Sarah cítila, jak je do ní vtahována! Sára se ocitla na temném místě, osvětleném pouze blikajícími svíčkami. Chvíli jí trvalo, než si oči zvykly, ale když se jí to podařilo, uviděla, že je obklopena postavami v kápích, které měly na sobě roucha zdobená symboly satanismu.

Satan zelf stond, omringd door kaarsen met zwarte vlammen. Een gevoel van angst vervulde haar toen ze zich realiseerde dat ze misschien een fout had gemaakt door hier alleen te komen. Plotseling hoorde ze **voetstappen echoën** in de lege kerk, en iemand greep haar van achteren vast! Sarah probeerde zich uit de greep van haar belager te bevrijden, maar het mocht niet baten. Degene die haar had vastgegrepen was veel te sterk. Ze probeerde om hulp te schreeuwen, maar een **hand** klemde zich over haar mond, waardoor haar kreten werden gesmoord. Ze werd naar het altaar gesleept, waar het standbeeld van Satan groot en dreigend opdoemde. Haar ontvoerder dwong haar voor het beeld te knielen en bond vervolgens haar handen met een **touw** achter haar rug. Sarah voelde de terreur door haar aderen stromen toen ze besefte dat ze geofferd zou worden.

De persoon die haar had vastgegrepen begon in een vreemde taal te zingen, en Sarah voelde een kwade aanwezigheid die van het standbeeld uitging. Plotseling verscheen er een zwarte **mist** rond het altaar, en Sarah voelde zich erin getrokken worden! Sarah bevond zich in een donkere ruimte, slechts verlicht door flikkerende kaarsen. Het duurde even voor haar ogen zich hadden aangepast, maar toen ze dat deed, zag ze dat ze omringd was door figuren met een capuchon, die gewaden droegen versierd met symbolen van het satanisme.

Otázky s porozuměním

1. Co katedrála představuje?

2. Co představuje černá mlha?

3. Jaký význam mají svíčky?

4. Kdo je Sára?

5. Jaký význam má socha?

6. Jaký význam mají kněží?

7. Jaký je význam rituálu?

8. Jaký je význam oběti?

9. Jaký je výsledek příběhu?

10. Jaké je ponaučení z příběhu?

Begrip vragen

1. Wat stelt de kathedraal voor?

2. Wat stelt de zwarte mist voor?

3. Wat is de betekenis van de kaarsen?

4. Wie is Sarah?

5. Wat is de betekenis van het standbeeld?

6. Wat is de betekenis van de priesters?

7. Wat is de betekenis van het ritueel?

8. Wat is de betekenis van het offer?

9. Wat is de afloop van het verhaal?

10. Wat is de moraal van het verhaal?

Lov hub

Když jsem vstoupil do lesa, bylo v něm strašidelné ticho. Jediným zvukem bylo křupání **listí** pod mýma nohama. Na houby jsem chodil už dřív, ale nikdy ne sám. Srdce se mi rozbušilo o něco rychleji, když jsem zkoumala půdu a hledala stopy po **houbách**. Najednou jsem zahlédl, jak zpod kmene něco vyčuhuje. Byl to malý bílý hřib s červenými skvrnami! Opatrně jsem ho zvedl a vložil do košíku. Jak jsem pokračoval v chůzi, nacházel jsem další a další houby. Brzy jsem měl plný košík! Vrátil jsem se k autu, abych kamarádům ukázal, co jsem našel. Když jsem se vrátil k autu, kamarádi už **nebyli k** nalezení. Volal jsem na ně jménem, ale nikdo se neozýval. Kam mohli jít? Rozhodl jsem se na ně počkat v **autě**.

Po několika minutách se mi začalo chtít spát. Zanedlouho jsem usnul hlubokým spánkem. Probudil mě hlasitý zvuk. Znělo to, jako by někdo **křičel**! Pomalu jsem otevřel oči a uviděl, že dveře auta jsou vytržené z pantů! Venku stálo velké stvoření a dívalo se na mě svýma **jasně** červenýma očima. Než se natáhlo dovnitř a vytáhlo mě z auta, vydalo další uši rvoucí výkřik! Vzápětí jsem si uvědomil, že ležím na zemi přímo před tím tvorem. Jeho obličej byl jen pár centimetrů od mého, jak na mě upřeně zíral svýma rudýma očima.

Paddenstoelen jacht

Het bos was akelig stil toen ik er binnenstapte. Het enige geluid was het kraken van de **bladeren** onder mijn voeten. Ik was al eerder op paddenstoelenjacht geweest, maar nog nooit alleen. Mijn hart ging een beetje sneller kloppen terwijl ik de grond afspeurde naar tekenen van **paddenstoelen**. Plotseling zag ik iets onder een boomstam vandaan komen. Het was een kleine witte paddenstoel met rode vlekken! Voorzichtig raapte ik hem op en stopte hem in mijn mandje. Terwijl ik verder liep, vond ik meer en meer paddenstoelen. Al snel was mijn mandje vol! Ik ging terug naar de auto om mijn vrienden te laten zien wat ik had gevonden. Toen ik bij de auto terugkwam, waren mijn vrienden **nergens** te bekennen. Ik riep hun namen, maar er kwam geen antwoord. Waar konden ze heen zijn? Ik besloot in de **auto** op ze te wachten.

Na een paar minuten, begon ik me slaperig te voelen. Het duurde niet lang of ik viel in een diepe slaap. Ik werd gewekt door een hard geluid. Het klonk alsof iemand **schreeuwde**! Langzaam opende ik mijn ogen en zag dat de autodeur uit zijn scharnieren was gerukt! Een groot wezen stond buiten en keek me aan met zijn felrode ogen. Het slaakte nog een oorverdovende kreet voordat het naar binnen reikte en me uit de

Pak se pomalu natáhlo dopředu a popadlo jednu z hub z mého košíku... a snědlo ji! Sledoval jsem, jak zhltlo **několik** dalších hub, než se otočilo a zmizelo v lese, zanechávajíc mě samotného a vyděšeného.

Trvalo několik hodin, než jsem konečně sebral odvahu a pohnul se. Celé tělo se mi třáslo, když jsem se pomalu postavila na nohy. Auto bylo **zničené a** po mých přátelích nebylo nikde ani stopy. Co se stalo? Bylo to stvoření opravdu skutečné, nebo se mi to jen zdálo? Existoval jen jeden způsob, jak to zjistit. Nejistě jsem se vydal zpátky do lesa. Nevím, co mě vedlo k tomu, abych se vrátil, ale vrátil jsem se. A jsem ráda, že jsem to udělala, protože tam jsem našla své **přátele**! I je napadla ta příšera a byli stejně vyděšení jako já. Společně jsme se dostali z **lesa a** slíbili si, že už nikdy nepůjdeme na houby!

auto trok! Het volgende dat ik wist, was dat ik op de grond voor het schepsel lag. Zijn gezicht was slechts enkele centimeters van het mijne verwijderd en het staarde me indringend aan met zijn rode ogen. Toen reikte het langzaam naar voren en pakte een van de paddestoelen uit mijn mand... en at het op! Ik keek toe hoe het nog een **aantal paddestoelen** opslokte voordat het zich omdraaide en in het bos verdween, mij alleen en doodsbang achterlatend.

Het duurde uren voor ik eindelijk de moed had om te bewegen. Mijn hele lichaam trilde toen ik langzaam overeind kwam. De auto was **vernield**, en er was geen teken van mijn vrienden. Wat was er gebeurd? Was dat wezen echt of had ik het me maar verbeeld? Er was maar één manier om daar achter te komen. Voorzichtig begon ik terug het bos in te lopen. Ik weet niet wat me bezielde om terug te gaan, maar ik deed het.
En ik ben blij dat ik het deed, want daar vond ik mijn **vrienden**! Zij waren ook aangevallen door het wezen en waren net zo bang als ik. Samen baanden we ons een weg uit het **bos** en zwoeren dat we nooit meer op paddenstoelenjacht zouden gaan!

Otázky s porozuměním

1. Co najde hlavní hrdina v lese?

2. Jak se hlavní hrdina cítí, když loví houby sám?

3. Co udělá hlavní hrdina, když zjistí, že se jeho přátelé ztratili?

4. Proč si hlavní hrdina nedělá starosti, když usne v autě?

5. Co se stane, když se hlavní hrdina probudí?

6. Jak tvor reaguje na houby?

7. Kde se nacházejí přátelé hlavního hrdiny?

8. Proč si přátelé slíbí, že už nikdy nepůjdou na houby?

9. Co myslíte, že vedlo hlavního hrdinu k tomu, aby se vrátil do lesa?

10. Myslíte si, že to stvoření bylo skutečné, nebo vymyšlené?

Begrip vragen

1. Wat vindt de hoofdpersoon in het bos?

2. Hoe vindt de hoofdpersoon het om alleen op paddenstoelen te jagen?

3. Wat doet het hoofdpersonage wanneer ze ontdekken dat hun vrienden vermist zijn?

4. Waarom is de hoofdpersoon niet bezorgd als ze in de auto in slaap vallen?

5. Wat gebeurt er als de hoofdpersoon wakker wordt?

6. Hoe reageert het schepsel op de paddestoelen?

7. Waar bevinden zich de vrienden van de hoofdpersoon?

8. Waarom beloven de vrienden nooit meer op paddenstoelenjacht te gaan?

9. Wat denk je dat de hoofdpersoon bezielde om terug het bos in te gaan?

10. Denk je dat het wezen echt of denkbeeldig was?

Klementinum

Klementinum je krásná stará knihovna v centru Prahy. Byla založena v 16. století a od té doby je centrem vzdělanosti. Dnes se v ní nachází více než 20 000 knih a je jedním z nejoblíbenějších **turistických** cílů ve městě. Jednoho letního dne přišla Klementinum navštívit mladá žena jménem Eva. Vždycky milovala knihy a byla nadšená, že si může prohlédnout takové historické místo. Když procházela **chodbami,** nemohla si nevšimnout všech lidí, kteří si v klidu četli nebo pracovali u stolů. Bylo zřejmé, že jde o místo, kde se **znalosti** vysoce cení. Nakonec se Eva dostala do hlavní čítárny, kde spatřila něco neuvěřitelného: celou stěnu zaplněnou regály a **policemi** knih!

Stěží ovládala své **vzrušení,** když začala procházet tituly. Po chvíli ji jedna konkrétní kniha vtáhla do úplně jiného světa. Kniha se jmenovala Letopisy Narnie: Lev, čarodějnice a skříň". Eva ji nikdy předtím nečetla, ale příběh ji rychle **pohltil.** Četla o čtyřech dětech, které se skrze skříň dostanou do kouzelného světa a zažívají nejrůznější dobrodružství. Když otáčela každou stránku, měla pocit, že je tam s nimi a všechno prožívá na vlastní kůži. Nakonec Eva došla na konec knihy a neochotně ji zavřela. Ještě chvíli seděla a nechala svou **mysl**, aby se vrátila ke všemu, co právě přečetla. Byl

Het Clementinum

Het Clementinum is een prachtige oude bibliotheek in het hart van Praag. De bibliotheek werd in de 16e eeuw gesticht en is sindsdien een centrum van onderwijs geweest. Tegenwoordig herbergt de bibliotheek meer dan 20.000 boeken en is het een van de populairste **toeristische** bestemmingen in de stad. Op een zomerdag kwam een jonge vrouw, Eva, het Clementinum bezoeken. Ze had altijd al van boeken gehouden en was blij zo'n historische plek te zien. Toen zij door de **gangen** liep, viel haar oog op alle mensen die rustig zaten te lezen of aan een bureau zaten te werken. Het was duidelijk dat dit een plek was waar **kennis hoog in het vaandel werd gedragen**. Uiteindelijk ging Eva naar de grote leeszaal, waar ze iets ongelooflijks zag: een hele muur vol met boeken!

Ze kon haar **opwinding nauwelijks bedwingen** toen ze door de titels begon te bladeren. Na een tijdje werd ze door een bepaald boek in een andere wereld getrokken. Het boek heette "De kronieken van Narnia: De leeuw, de heks en de kleerkast'. Eva had het nog nooit gelezen, maar ze was al snel **geboeid** door het verhaal. Ze las over vier kinderen die via een kleerkast in een magische wereld terecht kwamen en allerlei avonturen beleefden. Terwijl ze elke bladzijde omsloeg,

to úžasný zážitek, na který nikdy nezapomene. Když Eva opouštěla Klementinum, měla pocit, že se její mysl **rozšířila**.

Nyní má ještě větší zájem o **čtení** a učení než dříve. Knihovna rozhodně dostála své pověsti a ona věděla, že se sem brzy vrátí. Když Eva přišla do Klementina příště, přinesla si s sebou knihu, kterou chtěla vrátit. Byla ráda, že může přispět na tak **úžasné** místo, a těšila se, že najde další knihy, ve kterých se bude moci ztratit. Klementinum je součástí Evina života již mnoho let. Je to její **šťastné** místo, kam může utéct před každodenním shonem. Stále ráda nachází nové knihy ke čtení a vždy se těší na další návštěvu.

had ze het gevoel dat ze bij hen was en alles van dichtbij meemaakte. Uiteindelijk kwam Eva aan het eind van het boek en sloeg het met tegenzin dicht. Ze bleef nog een tijdje zitten en **dacht terug** aan alles wat ze net gelezen had. Het was een geweldige ervaring, die ze nooit zou vergeten. Toen Eva het Clementinum verliet, had ze het gevoel dat haar geest was **verruimd**.

Zij heeft nu nog meer belangstelling voor **lezen** en leren dan vroeger. De bibliotheek had haar reputatie zeker waargemaakt, en ze wist dat ze snel terug zou komen. De volgende keer dat Eva naar het Clementinum kwam, bracht ze een boek mee om terug te brengen. Ze was blij dat ze een bijdrage kon leveren aan zo'n **prachtige** plek en keek ernaar uit om meer boeken te vinden waarin ze kon verdwalen. Het Clementinum is nu al vele jaren een deel van Eva's leven. Het is haar geluksplek, waar ze heen kan om te ontsnappen aan de drukte van alledag. Ze vindt het nog steeds heerlijk om nieuwe boeken te lezen en kijkt altijd uit naar haar volgende bezoek.

Otázky s porozuměním

1. Co je Klementinum?

2. Jak dlouho je Klementinum na světě?

3. Co všechno můžete v Klementinu dělat?

4. Jak vypadá hlavní čítárna?

5. Jakou knihu Eva četla?

6. Jaký byl Evin zážitek po přečtení knihy?

7. Jak často chodí Eva do Klementina?

8. Co Eva ráda dělá v Klementinu?

9. Co pro Evu znamená Klementinum?

10. Co má Eva v Klementinu nejraději?

Begrip vragen

1. Wat is het Clementinum?

2. Hoe lang bestaat het Clementinum al?

3. Wat voor dingen kun je doen op het Clementinum?

4. Hoe ziet de grote leeszaal eruit?

5. Welk boek heeft Eva gelezen?

6. Hoe was Eva's ervaring na het lezen van het boek?

7. Hoe vaak gaat Eva naar het Clementinum?

8. Wat doet Eva graag op het Clementinum?

9. Wat betekent het Clementinum voor Eva?

10. Wat is Eva's favoriete ding aan het Clementinum?

Sametová revoluce

Byl chladný zimní den v Praze, když začala sametová revoluce. Skupina **studentů** se sešla, aby protestovala proti komunistické vládě a požadovala reformy. Přidali se k nim dělníci a další občané, kteří měli represivního režimu plné zuby. **Policie** se snažila demonstraci rozehnat, ale byla v přesile. Lidé pokračovali v pochodu ulicemi a skandovali, že chtějí změnu. Druhý den se k **protestům** připojili další lidé. Hnutí nabíralo na **síle, protože se do něj** zapojovalo stále více lidí.

Úřady reagovaly vysláním tanků a vojáků, ale setkaly se s odporem protestujících. Lidé si pevně stáli za svými požadavky na demokracii a svobodu a nakonec zvítězili. Po týdnech pokojných demonstrací se Československo opět stalo svobodnou **zemí.** Byla to dlouhá a obtížná cesta, ale nakonec byli svobodní. Lidé v Československu svrhli komunistickou vládu a znovu získali demokracii. Byl to **významný** úspěch, který by nebyl možný bez odvahy a odhodlání protestujících. Nyní mohli konečně začít obnovovat svou zemi a vytvářet lepší budoucnost pro všechny. Sametová revoluce byla zlomovým bodem v českých **dějinách**. Ukázala, že lidé již nebudou tolerovat utlačovatelský režim, a vydláždila cestu k demokracii a **svobodě**.

De Fluwelen Revolutie

Het was een koude winterdag in Praag toen de Fluwelen Revolutie begon. Een groep **studenten** was bijeengekomen om te protesteren tegen de communistische regering en hervormingen te eisen. Ze kregen gezelschap van arbeiders en andere burgers die genoeg hadden van het repressieve regime. De **politie** probeerde de demonstratie te breken, maar was in de minderheid en overklast. De mensen bleven door de straten marcheren, al zingend om verandering. De volgende dag sloten nog meer mensen zich bij de **protesten aan**. De beweging raakte in een **stroomversnelling** naarmate meer en meer mensen betrokken raakten.

De autoriteiten reageerden met het sturen van tanks en troepen, maar deze stuitten op verzet van de demonstranten. De mensen hielden voet bij stuk in hun eis voor democratie en vrijheid, en uiteindelijk kregen zij de overhand. Na weken van vreedzame demonstraties werd Tsjecho-Slowakije weer een vrij **land**. Het was een lange en moeilijke reis geweest, maar eindelijk waren ze vrij. Het volk van Tsjecho-Slowakije had de communistische regering omvergeworpen en zijn democratie herwonnen. Het was een **gedenkwaardige**

Země nyní vzkvétá a její občané **se těší** lepší kvalitě života. Díky statečným protestujícím, kteří se postavili za svá práva, je nyní Československo svobodným a prosperujícím státem. Sametová revoluce byla klíčovým **okamžikem v** dějinách Československa. Přinesla významné změny, které měly pozitivní dopad na zemi a její obyvatele. Protestující projevili velkou **odvahu postavit se** komunistické vládě a jejich úsilí se vyplatilo. Dnes je Československo svobodnou a demokratickou zemí a jeho občané se těší lepší kvalitě **života**.

prestatie, die niet mogelijk zou zijn geweest zonder de moed en vastberadenheid van de demonstranten. Nu konden zij eindelijk beginnen met de wederopbouw van hun land en het creëren van een betere toekomst voor iedereen. De Fluwelen Revolutie was een keerpunt in de Tsjechische **geschiedenis**. Zij toonde aan dat het volk een onderdrukkend regime niet langer zou dulden, en effende de weg naar democratie en **vrijheid**.

Het land floreert nu en de burgers **genieten** een betere levenskwaliteit. Dankzij de dappere demonstranten die opkwamen voor hun rechten, is Tsjecho-Slowakije nu een vrije en welvarende natie. De Fluwelen Revolutie was een **scharniermoment** in de geschiedenis van Tsjecho-Slowakije. Zij bracht belangrijke veranderingen teweeg die een positieve invloed hebben gehad op het land en zijn bevolking. De demonstranten gaven blijk van grote **moed** door zich te verzetten tegen de communistische regering, en hun inspanningen hebben vruchten afgeworpen. Vandaag de dag is Tsjecho-Slowakije een vrij en democratisch land en genieten zijn burgers een betere kwaliteit van **leven**.

Otázky s porozuměním

1. Co byla sametová revoluce?

2. Kdo byly hlavní skupiny zapojené do sametové revoluce?

3. Proč tam úřady poslaly tanky a vojáky?

4. Jak reagovali obyvatelé Československa na tanky a vojáky?

5. Jaký byl výsledek sametové revoluce?

6. Jak sametová revoluce ovlivnila Československo?

7. Jak by dnes vypadalo Československo, kdyby nedošlo k sametové revoluci?

8. Co bylo hlavním cílem protestujících?

9. Dosáhli protestující svého cíle?

10. Co bylo zlomovým bodem sametové revoluce?

Begrip vragen

1. Wat was de Fluwelen Revolutie?

2. Wie waren de belangrijkste groepen die bij de Fluwelen Revolutie betrokken waren?

3. Waarom hebben de autoriteiten tanks en troepen gestuurd?

4. Hoe reageerde de bevolking van Tsjecho-Slowakije op de tanks en de troepen?

5. Wat was het resultaat van de Fluwelen Revolutie?

6. Hoe heeft de Fluwelen Revolutie Tsjechoslowakije beïnvloed?

7. Hoe zou Tsjecho-Slowakije er vandaag uitzien als de Fluwelen Revolutie niet had plaatsgevonden?

8. Wat was het hoofddoel van de demonstranten?

9. Hebben de demonstranten hun doel bereikt?

10. Wat was het keerpunt in de Fluwelen Revolutie?

Český ráj

Poprvé jsem Český ráj viděl ve snu. Bylo to **nádherné** místo plné barev a života. Nebe bylo modré, slunce svítilo a květiny kvetly. Procházel jsem se ulicemi Českého ráje a obdivoval architekturu a lidi. Všichni vypadali tak šťastně a bezstarostně. Měla jsem pocit, že tam **patřím.** V Českém ráji jsem narazila na park a posadila se na lavičku, abych si odpočinula. Zavřela jsem oči a zhluboka se nadechla, cítila jsem, jak mě zaplavuje **klid tohoto** místa. Když jsem oči znovu otevřela, uviděla jsem na druhém konci lavičky sedět dívku. Měla tmavé vlasy a jasně modré oči a dívala se na mě s takovou intenzitou, až mi **srdce** poskočilo. Dívali jsme se na sebe snad celou věčnost, než konečně promluvila.

“Vítejte v Českém ráji,” řekla tiše. “Jsem ráda, že jsi tady.” Probudil jsem se ze **snu a** cítil se divně. Nemohla jsem se zbavit pocitu, že jsem tam už někdy byla, i když jsem věděla, že je to nemožné. To místo mi připadalo tak skutečné a dívčiny **oči se** mi vryly do paměti. Rozhodl jsem se, že se do Českého ráje vypravím, abych se přesvědčil, jestli opravdu existuje. Když jsem dorazil na místo, všechno vypadalo přesně jako v mém snu. Chodil jsem jako omámený a napůl jsem očekával, že se dívka znovu objeví. Ale neobjevila se a já se

Boheems Paradijs

De eerste keer dat ik Boheems Paradijs zag, was in een droom. Het was een **prachtige** plek, vol van kleur en leven. De lucht was blauw, de zon scheen en de bloemen bloeiden. Ik liep door de straten van het Boheemse Paradijs en bewonderde de architectuur en de mensen. Iedereen leek zo gelukkig en zorgeloos. Ik voelde me alsof ik er **thuishoorde**. Ik kwam langs een park in Boheems Paradijs en ging op een bankje zitten om uit te rusten. Ik sloot mijn ogen en ademde diep in, terwijl ik de **rust** van de plek over me heen voelde komen. Toen ik mijn ogen weer opende, zag ik aan de andere kant van het bankje een meisje zitten. Ze had donker haar en helderblauwe ogen, en ze keek me aan met een intensiteit die mijn **hart** een slag deed overslaan. We keken elkaar aan voor wat wel een eeuwigheid leek, voor ze eindelijk sprak.

“Welkom in Boheems Paradijs,” zei ze zacht. “Ik ben blij dat je er bent.” Ik werd wakker uit de **droom** met een vreemd gevoel. Ik kon het gevoel niet van me afschudden dat ik daar eerder was geweest, ook al wist ik dat het onmogelijk was. De plek voelde zo echt aan, en de **ogen** van het meisje stonden in mijn geheugen gegrift. Ik besloot een reis naar het Boheems Paradijs te maken, om te zien of het echt bestond.

nakonec vrátil domů. Sen mě **pronásledoval** dál a já se do Českého ráje čas od času vracel. Ale ať jsem tam jezdil jakkoli často, dívka se už nikdy neobjevila. A přesto jsem nějak věděl, že na mě **čeká.**

Jednoho dne jsem ji po letech hledání konečně našel. Seděla na stejné lavičce v parku a vypadala přesně tak, jak jsem si ji pamatoval. Znovu jsme se na sebe podívali a tentokrát jsem neodvrátil zrak. "Čekala jsem na tebe," řekla **tiše**. "Vítej doma." Posadil jsem se na lavičku vedle ní a povídali jsme si celé hodiny. Vyprávěl jsem jí o svém životě a ona mně o tom svém. Měl jsem pocit, že ji znám odjakživa. Nakonec začalo zapadat slunce a oba jsme věděli, že je čas jít **každý svou** cestou. Ale než odešla, naposledy se na mě obrátila. "Pamatuj si," řekla tiše, "že tady máš vždycky domov." Už jsem ji nikdy neviděla, ale její slova jsem si navždy pamatovala. A pokaždé, když **zavřu** oči, vidím ji, jak sedí na lavičce v parku a čeká, až se vrátím **domů**.

Toen ik aankwam, zag alles er precies zo uit als in mijn droom. Ik liep verdwaasd rond, half verwachtend dat het meisje weer zou verschijnen. Maar dat deed ze niet, en uiteindelijk ging ik terug naar huis. De droom bleef me **achtervolgen**, en ik keerde keer op keer terug naar Boheems Paradijs. Maar hoe vaak ik er ook kwam, het meisje verscheen nooit meer. En toch, op de een of andere manier, wist ik dat ze op me **wachtte**.

Op een dag, na jaren zoeken, vond ik haar eindelijk. Ze zat op hetzelfde bankje in het park, en ze zag er precies zo uit als ik me haar herinnerde. We keken elkaar weer aan, en deze keer keek ik niet weg. “Ik heb op je gewacht,” zei ze **zacht**. “Welkom thuis.” Ik ging naast haar op de bank zitten, en we hebben uren gepraat. Ik vertelde haar over mijn leven, en zij vertelde mij over het hare. Ik had het gevoel dat ik haar al eeuwig kende. Uiteindelijk begon de zon onder te gaan, en we wisten allebei dat het tijd was om onze **eigen** weg te gaan. Maar voor ze vertrok, wendde ze zich nog een laatste keer tot mij. “Onthoud,” zei ze zacht, “je hebt hier altijd een thuis.” Ik heb haar nooit meer gezien, maar ik heb haar woorden altijd onthouden. En elke keer als ik mijn ogen **sluit**, zie ik haar zitten op het bankje in het park, wachtend tot ik **thuis** kom.

Otázky s porozuměním

1. Co udělá hlavní hrdinka, když poprvé uvidí dívku v parku?

2. Co cítí hlavní hrdinka, když je v Českém ráji?

3. Co řekne dívka hlavnímu hrdinovi, když se setkají podruhé?

4. Proč se hlavní hrdina stále vrací do Českého ráje?

5. Jak se hlavní hrdinka cítí, když konečně znovu najde dívku?

6. Co řekne dívka hlavnímu hrdinovi před odchodem?

7. Co vidí hlavní hrdinka, když zavře oči?

8. Co v kontextu příběhu znamená slovo "strašit"?

9. Co v kontextu příběhu znamená slovo "omámení"?

10. Co v kontextu příběhu znamená věta "jít každý svou cestou"?

Begrip vragen

1. Wat doet de hoofdpersoon als ze het meisje voor het eerst in het park ziet?

2. Wat voelt de hoofdpersoon als ze in het Boheems Paradijs is?

3. Wat zegt het meisje tegen de hoofdpersoon als ze elkaar voor de tweede keer ontmoeten?

4. Waarom gaat de hoofdpersoon steeds terug naar Bohemian Paradise?

5. Hoe voelt de hoofdpersoon zich als ze eindelijk het meisje terugvindt?

6. Wat vertelt het meisje aan de hoofdpersoon voor ze vertrekt?

7. Wat ziet de hoofdpersoon als ze haar ogen sluit?

8. Wat betekent het woord “achtervolgen” in de context van het verhaal?

9. Wat betekent het woord “daze” in de context van het verhaal?

10. Wat betekent de uitdrukking “onze eigen weg gaan” in de context van het verhaal?

Vepo Kndla Zelo

Byl chladný zimní večer a venku jemně padal sníh. Rodina se shromáždila kolem stolu a vychutnávala si teplé jídlo vepo knedlo zelo. Najednou někdo zaklepal na dveře. Kdo to mohl být? Otec vstal, aby otevřel, a zjistil, že na prahu stojí **cizí člověk**. Byl to starý muž s dlouhými bílými vousy a pronikavýma modrýma očima. Představil se jako Vepo Kndla Zelo a řekl, že jim přišel splnit jedno přání. Otec neváhal; přál si, aby jeho **dcera** byla vždy šťastná a zdravá. Vepo Kndla Zelo se vlídně usmál a řekl, že to splní. Pak **zmizel** v **noci** stejně náhle, jako se objevil.

Léta plynula a rodině se dařilo. Dcera vyrostla v krásnou **mladou** ženu a byla stále šťastná a zdravá, přesně jak si její otec přál. Jednoho dne potkala pohledného mladého muže a zamilovali se do sebe. Vzali se a měli spolu dvě krásné děti. Všechno se zdálo být **dokonalé,** ale pak se stala tragédie. Mladý muž onemocněl vzácnou chorobou a neexistoval na ni lék. Dcera dělala vše, co mohla, aby mu pomohla, ale nakonec zemřel a jí zůstalo zlomené srdce. Roky opět plynuly a nyní již dospělé děti dcery si jednoho zimního dne hrály na sněhu, když v parku našly na **lavičce** sedět starého muže. Vypadal přesně jako Vepo Kndla Zelo! Přistoupily k němu, aby si s ním promluvily, a on

Vepo Kndla Zelo

Het was een koude winteravond en de sneeuw viel zachtjes naar buiten. De familie zat rond de tafel en genoot van een warme maaltijd van vepo knedlo zelo. Plotseling werd er op de deur geklopt. Wie zou dat kunnen zijn? De vader stond op om te antwoorden, en vond een **vreemdeling** op de stoep. Het was een oude man, met een lange witte baard en doordringende blauwe ogen. Hij stelde zich voor als Vepo Kndla Zelo en zei dat hij gekomen was om hun één wens te vervullen. De vader aarzelde niet; hij wenste dat zijn **dochter** altijd gelukkig en gezond zou zijn. Vepo Kndla Zelo glimlachte vriendelijk en zei dat het zou gebeuren. Toen **verdween** hij in de **nacht** even plotseling als hij verschenen was.

De jaren gingen voorbij en het gezin floreerde. De dochter groeide uit tot een mooie **jonge** vrouw, en ze was altijd gelukkig en gezond, precies zoals haar vader had gewild. Op een dag ontmoette ze een knappe jongeman, en ze werden verliefd. Ze trouwden en kregen samen twee prachtige kinderen. Alles leek **perfect**, maar toen sloeg het noodlot toe. De jongeman werd ziek door een zeldzame ziekte en er was geen genezing mogelijk. De dochter deed alles wat ze kon om hem te helpen, maar uiteindelijk stierf hij, haar

jim řekl, že je to skutečně ten samý člověk, který před lety splnil **přání** jejich babičky.

Řekl, že na ně celé ty roky dohlížel a viděl, jakou bolestí jejich matka po otcově smrti **trpěla, a** tak jí chtěl splnit poslední přání: aby i její děti byly vždy šťastné. A s tím Vepo Kndla Zelo opět zmizel z jejich života. Roky plynuly a děti vyrostly ve šťastné a **zdravé** dospělé. Často myslely na starce, který splnil poslední přání jejich matky, a věděly, že nad nimi bude vždy bdít. Jednoho **chladného** zimního dne seděla nyní již stará matka v houpacím křesle u krbu a přemýšlela o svém životě. Byla tak požehnaná; navzdory všemu smutku a **bolestem, které** zažila, byla vždy obklopena láskou. A věděla, že to všechno díky Vepo Kndla Zelo.

gebroken achterlatend. De jaren verstreken opnieuw en de inmiddels volwassen kinderen van de dochter waren op een winterdag in de sneeuw aan het spelen toen ze in het park een oude man op een **bankje** aantroffen. Hij leek precies op Vepo Kndla Zelo! Zij gingen met hem praten en hij vertelde hun dat hij inderdaad dezelfde persoon was die de **wens** van hun grootmoeder al die jaren geleden had vervuld.

Hij zei dat hij al die jaren over hen had gewaakt en had gezien hoeveel pijn hun moeder had **geleden** sinds de dood van hun vader; daarom wilde hij haar een laatste wens geven: dat haar kinderen ook altijd gelukkig zouden zijn. En daarmee verdween Vepo Kndla Zelo weer uit hun leven. De jaren gingen voorbij en de kinderen groeiden op tot gelukkige, **gezonde** volwassenen. Ze dachten vaak aan de oude man die de laatste wens van hun moeder had vervuld, en ze wisten dat hij altijd over hen zou waken. Op een **koude** winterdag zat de nu bejaarde moeder in haar schommelstoel bij het vuur en dacht na over haar leven. Ze was zo gezegend geweest; ondanks al het verdriet en **hartzeer** dat ze had meegemaakt, was ze altijd omringd geweest door liefde. En ze wist dat dat allemaal te danken was aan Vepo Kndla Zelo.

Otázky s porozuměním

1. Jaké bylo otcovo přání?

2. Jak se dcera seznámila se svým manželem?

3. Co se stalo s manželem?

4. Koho děti našly v parku?

5. Jaké bylo poslední přání matky?

6. Jak se matka cítila ve svém životě?

7. Kdo byl Vepo Kndla Zelo?

8. Co udělal Vepo Kndla Zelo pro rodinu?

9. Proč Vepo Kndla Zelo splnil matčino poslední přání?

10. Jaký byl výsledek matčina posledního přání?

Begrip vragen

1. Wat was de wens van de vader?

2. Hoe heeft de dochter haar man ontmoet?

3. Wat is er met de echtgenoot gebeurd?

4. Wie hebben de kinderen in het park gevonden?

5. Wat was de laatste wens van de moeder?

6. Hoe voelde de moeder zich over haar leven?

7. Wie was Vepo Kndla Zelo?

8. Wat heeft Vepo Kndla Zelo voor de familie gedaan?

9. Waarom heeft Vepo Kndla Zelo de laatste wens van de moeder ingewilligd?

10. Wat was het resultaat van de laatste wens van de moeder?

Praha

Probudil jsem se za zvukem cvrlikání ptáků za **oknem**. Slunce právě vykukovalo nad obzor a vrhalo na oblohu růžovou a oranžovou záři. Vstala jsem z postele, protáhla se, zhluboka se nadechla a cítila, jak mi plíce plní **chladný** vzduch. Čekal mě další krásný den v Praze. Zamířila jsem dolů, kde jsem ucítila vůni čerstvě uvařené kávy. Manžel už byl vzhůru a četl si noviny u kuchyňského stolu. Vyměnili jsme si krátké **zdvořilosti,** když jsem si nalila šálek kávy a posadila se k němu. Oba jsme věděli, že dnes toho musíme hodně udělat, pokud chceme co nejlépe využít čas strávený tady v Praze. Dopoledne jsme strávili procházkou po Staroměstském náměstí, obdivovali veškerou architekturu a občas se zastavili, abychom se **vyfotili** nebo si vzali něco k jídlu od jednoho z mnoha pouličních prodejců tradičních českých jídel, jako je klobása nebo trdelník.

Když jsme se procházeli úzkými uličkami lemovanými **obchůdky se** vším možným od ručně vyráběných šperků po ručně malovaná velikonoční vajíčka, připadali jsme si, jako bychom se vrátili v čase. Odpoledne jsme se rozhodli pro plavbu lodí po Vltavě. Zatímco jsme klouzali po vodě, náš průvodce nás upozorňoval na všechny důležité **památky** a vyprávěl nám příběhy

Praag

Ik werd wakker met het geluid van vogels die buiten mijn **raam tsjilpten**. De zon kwam net over de horizon en wierp een roze en oranje gloed aan de hemel. Ik stapte uit bed en rekte me uit. Ik ademde diep in en voelde de **koele** lucht in mijn longen. Het zou weer een mooie dag in Praag worden. Ik liep naar beneden, waar ik de geur van versgezette koffie kon ruiken. Mijn man was al op en zat aan de keukentafel de krant te lezen. We wisselden korte **beleefdheden uit** toen ik een kop koffie voor mezelf inschonk en bij hem kwam zitten. We wisten allebei dat we vandaag veel te doen hadden als we het beste uit onze tijd hier in Praag wilden halen. We liepen de hele ochtend rond op het Oude Stadsplein, bewonderden alle architectuur en stopten af en toe om **foto's** te maken of een hapje te eten bij een van de vele straatverkopers die traditionele Tsjechische gerechten verkochten, zoals klobasa of trdelnik.

Terwijl we door de smalle straatjes slenterden met **winkeltjes** die van alles verkochten, van handgemaakte juwelen tot handgeschilderde paaseieren, leek het alsof we terug in de tijd stapten. In de namiddag besloten we een boottocht te maken op de Vltava rivier. Terwijl we door het water gleden, wees onze gids ons op alle belangrijke **bezienswaardigheden** en vertelde

o historii Prahy. Prošli jsme kolem Karlova mostu se sochami svatých, kteří na nás dohlížejí, a viděli jsme impozantní hrad, který se tyčí na kopci na druhé straně řeky. Bylo těžké uvěřit, že toto město existuje už po **staletí;** připadalo mi jako z pohádky. Když se začalo stmívat, vrátili jsme se na Staroměstské náměstí, kde jsme začali náš den. Náměstí teď bylo plné lidí, kteří si vychutnávali nápoje ve venkovních kavárnách nebo poslouchali živou **hudbu** linoucí se z některého z mnoha barů rozesetých po okolí.

Našli jsme si místo na lavičce a sledovali tančící páry před starou **fontánou osvětlenou** barevnými světly. Bylo to kouzelné. Náš dokonalý den jsme zakončili večeří v restauraci s výhledem na řeku a pak jsme se unavení, ale šťastní vrátili do hotelového pokoje. Následujících několik dní bylo plných aktivit. Navštěvovali jsme **muzea** a galerie, chodili na procházky po parcích a zahradách a ochutnali tolik českého jídla a piva, kolik jsme jen mohli. Každý den byl plný nových dobrodružství a každý večer jsme padali do postele vyčerpaní, ale spokojení. Poslední den v Praze jsme vstávali brzy, abychom co nejlépe využili čas, který nám v tomto krásném městě zbýval. Ruku v ruce jsme se procházeli ulicemi a naposledy si **vše** vychutnávali, než jsme se vrátili do reality.

hij ons verhalen over de geschiedenis van Praag. We passeerden de Karelsbrug, met zijn heiligenbeelden die over ons waakten, en zagen het imposante kasteel boven op een heuvel aan de andere kant van de rivier. Het was moeilijk te geloven dat deze stad al **eeuwen bestond**; het leek wel iets uit een sprookje. Toen de avond begon te vallen, gingen we terug naar het Oude Stadsplein waar we onze dag waren begonnen. Het plein was nu gevuld met mensen die genoten van een drankje op terrasjes of luisterden naar live **muziek** die uitging van een van de vele bars in het gebied.

We vonden een plekje op een bankje en keken toe hoe paartjes dansten voor een oude **fontein die verlicht** was met kleurrijke lichtjes. Het was magisch. We sloten onze perfecte dag af met een diner in een restaurant met uitzicht op de rivier voordat we moe maar gelukkig teruggingen naar onze hotelkamer. De volgende dagen waren een waas van activiteiten. We bezochten **musea** en kunstgalerijen, maakten wandelingen door parken en tuinen, en proefden zoveel Tsjechisch eten en bier als we konden. Elke dag was gevuld met nieuwe avonturen, en elke avond vielen we uitgeput maar voldaan in bed. Op onze laatste dag in Praag stonden we vroeg op om het beste te maken van de tijd die ons nog restte in deze prachtige stad. We liepen hand in hand door de straten en namen **alles** nog een laatste keer in ons op, voordat we teruggingen naar de realiteit.

Otázky s porozuměním

1. Na jaký zvuk se hlavní hrdina probudil?

2. Co dělalo slunce, když se hlavní hrdina probudil?

3. Co udělal hlavní hrdina, když se probudil?

4. Co cítil hlavní hrdina, když sešel dolů?

5. Kdo už byl vzhůru, když hlavní hrdina sešel dolů?

6. Co dělali hlavní hrdinka a její manžel ráno?

7. Co měl hlavní hrdina k obědu?

8. Co dělal hlavní hrdina odpoledne?

9. Jaká byla reakce hlavního hrdiny na město?

10. Co dělal hlavní hrdina poslední den v Praze?

Begrip vragen

1. Met welk geluid werd de hoofdpersoon wakker?

2. Wat deed de zon toen de hoofdpersoon wakker werd?

3. Wat deed de hoofdpersoon toen hij wakker werd?

4. Wat kon de hoofdpersoon ruiken toen ze naar beneden gingen?

5. Wie was al op toen de hoofdpersoon naar beneden ging?

6. Wat deden de hoofdpersoon en hun echtgenoot ‘s morgens?

7. Wat had de hoofdpersoon als lunch?

8. Wat deed de hoofdpersoon in de namiddag?

9. Wat was de reactie van de hoofdpersoon op de stad?

10. Wat deed de hoofdpersoon op hun laatste dag in Praag?

Kubista

Kubista byl vždycky kreativní dítě. Ráda vyráběla **rukama a** stále přicházela s novými nápady. Když jí bylo pět let, vyrobila ze staré krabice kartonový domeček pro své panenky. Její rodiče byli tak ohromeni, že si ho vyfotili a dali do rodinného alba. Kubista stále vytvářela **něco** nového, ať už to byl obraz nebo socha, nebo jen něco pro zábavu. Když jí bylo osmnáct, rozhodla se Kubista, že až vyroste, chce být umělkyní. Šla na **vysokou školu** uměleckého směru a absolvovala ji s vyznamenáním. Přestěhovala se do New Yorku, aby si splnila svůj sen stát se umělkyní. Získala práci asistentky v umělecké galerii a tvrdě pracovala, aby se naučila vše o tomto oboru. Během několika let si našetřila dost peněz, aby si mohla otevřít vlastní galerii. Kubistova galerie se rychle stala jednou z **nejúspěšnějších ve** městě.

Na její jedinečná díla se sjížděli lidé z celého světa. Mnozí lidé říkali, že jim Kubistova díla připomínají jejich **dětství** a vyvolávají v nich pocit štěstí. Její díla přinášela lidem do života radost, což Kubista na své práci umělkyně milovala nejvíce. Kubista byla úspěšnou umělkyní i v dospělosti. Vystavovala svá díla po celém světě a získala mnoho ocenění. Lidé byli vždy ohromeni její **kreativitou** a představivostí. Její umělecká díla se nepodobala ničemu, co kdy předtím viděli. Jednoho dne Kubistu oslovila žena, která si chtěla objednat dílo pro svůj nový domov. Žena

Kubista

Kubista was altijd al een creatief kind. Ze maakte graag dingen met haar **handen** en kwam altijd met nieuwe ideeën. Toen ze vijf was, maakte ze van een oude doos een kartonnen huis voor haar poppen. Haar ouders waren zo onder de indruk dat ze er een foto van maakten en die in het familiealbum plaatsten. Kubista maakte altijd **iets** nieuws, of het nu een schilderij of beeldhouwwerk was of gewoon iets voor de lol. Toen ze achttien werd, besloot Kubista dat ze kunstenaar wilde worden als ze groot was. Ze ging naar **de** kunstacademie en studeerde cum laude af. Ze verhuisde naar New York City om haar droom als kunstenares na te jagen. Ze kreeg een baan als assistente in een kunstgalerie en werkte hard om alles over het vak te leren. Binnen een paar jaar had ze genoeg geld gespaard om haar eigen galerie te openen. Kubista's galerie werd al snel een van de meest **succesvolle** in de stad.

Mensen kwamen van heinde en verre om haar unieke kunstwerken te zien. Veel mensen zeiden dat Kubista's werk hen aan hun **kindertijd** deed denken en hen gelukkig maakte. Haar werk bracht vreugde in het leven van mensen, en dat is wat Kubista het leukst vond aan het kunstenaarschap. Kubista bleef een succesvol kunstenaar tot haar volwassenheid. Ze exposeerde haar werk over de hele wereld en won vele prijzen.

Kubistě řekla, že chce něco **výjimečného,** něco, co by ji potěšilo pokaždé, když by to viděla. Po chvíli přemýšlení přišel Kubista s dokonalým nápadem. Vytvořila nástěnnou malbu kouzelného lesa s vílami, elfy a dalšími kouzelnými bytostmi. Žena byla výsledkem nadšená a nástěnnou malbu si pověsila do obývacího pokoje, kde ji mohla vidět každý den. Kubistova **umělecká díla** stále přinášejí lidem radost do života.

Je skutečně jedinečná a navždy zůstane v paměti jako jedna z **nejtalentovanějších** umělkyň naší doby. Kubistův život se změnil, když jí byla diagnostikována rakovina. Bylo jí pouhých pětačtyřicet let. Lékaři tvrdili, že je **agresivní a** že jí nezbývá mnoho času. Kubista byla zdrcená. Vždycky byla zdravá a nikdy si nemyslela, že by ji něco takového mohlo potkat. Během léčby Kubista velmi zeslábla a zeslábla. Přišla o všechny vlasy a měla chuť to vzdát. Věděla však, že se nemůže vzdát, ne když jsou tu stále lidé, kteří její umělecké dílo ve svém životě potřebují. S pomocí **rodiny** a přátel Kubista s rakovinou tvrdě bojovala a nakonec ji porazila.

Mensen waren altijd verbaasd over haar **creativiteit** en verbeelding. Haar kunstwerken waren als niets wat ze ooit eerder hadden gezien. Op een dag werd Kubista benaderd door een vrouw die een opdracht wilde geven voor een kunstwerk voor haar nieuwe huis. De vrouw vertelde Kubista dat ze iets **speciaals** wilde, iets dat haar blij zou maken iedere keer als ze het zag. Na er een tijdje over nagedacht te hebben, kwam Kubista op het perfecte idee. Ze maakte een muurschildering van een betoverd bos, compleet met feeën, elfen en andere magische wezens. De vrouw was blij met het resultaat en hing de muurschildering in haar woonkamer waar ze het elke dag kon zien. Kubista's **kunstwerken** blijven geluk brengen in het leven van mensen.

Zij is werkelijk enig in haar soort en zal altijd herinnerd worden als een van de meest **getalenteerde** kunstenaars van onze tijd. Kubista's leven nam een wending toen er kanker bij haar werd geconstateerd. Ze was pas vijfenveertig jaar oud. De doktoren zeiden dat het **agressief** was en dat ze niet veel tijd meer had. Kubista was er kapot van. Ze was altijd gezond geweest en had nooit gedacht dat haar zoiets zou overkomen. Tijdens haar behandeling werd Kubista erg zwak en fragiel. Ze verloor al haar haar en had zin om op te geven. Maar ze wist dat ze niet kon opgeven, niet als er nog mensen waren die haar kunstwerk in hun leven nodig hadden. Met de hulp van haar **familie** en vrienden vocht Kubista hard tegen de kanker en versloeg hem uiteindelijk.

Otázky s porozuměním

1. Co dělala Kubista, když jí bylo pět let?

2. Co dělala Kubista, když dokončila vysokou školu?

3. Čím byla Kubistova galerie známá?

4. Co vytvořil Kubista pro ženu, která si dílo objednala?

5. Jak se změnil Kubistův život, když jí byla diagnostikována rakovina?

6. Co dělal Kubista poté, co porazil rakovinu?

7. Jaký je Kubistův umělecký odkaz?

8. Proč si Kubistini rodiče vyfotili dům, který vyrobila, když jí bylo pět let?

9. Jak se Kubista cítila, když jí poprvé diagnostikovali rakovinu?

10. Čemu se chtěla Kubista věnovat po odchodu do důchodu?

Begrip vragen

1. Wat maakte Kubista toen ze vijf jaar oud was?

2. Wat deed Kubista toen ze afstudeerde ?

3. Waar stond Kubista's galerie om bekend?

4. Wat heeft Kubista gemaakt voor de vrouw die een stuk bestelde?

5. Hoe veranderde Kubista's leven toen ze de diagnose kanker kreeg?

6. Wat deed Kubista nadat hij kanker had overwonnen ?

7. Wat is Kubista's nalatenschap als artiest?

8. Waarom hebben Kubista's ouders een foto genomen van het huis dat ze maakte toen ze vijf was?

9. Hoe voelde Kubista zich toen ze voor het eerst met kanker werd gediagnosticeerd?

10. Waar wilde Kubista meer tijd aan besteden nadat ze met pensioen was gegaan als kunstenares?

Na pláži

Po východu slunce jsou vlny hlasitější a písek nad přílivem je bílý. Jdu dolů na pláž a **obdivuji** moře a slunce. Prsty u nohou cítím rýhy mušlí. Písek mě studí na prstech. Usmívám se a jdu dál. Příliv je vysoký, takže si musím dávat pozor, aby mě nevtáhl dovnitř. Procházím se po břehu a obdivuji moře. Vychází **krásné** slunce a vlny se rozbíjejí. Cítím se tak klidně. Přicházím k místu, kde je skalní výběžek. Posadím se a pozoruji vlny. Voda je tak modrá a obloha tak **oranžová**. Připadám si jako ve snu. Zavřu oči a jen poslouchám vlny. Sedím tam dlouho, dokud neuslyším, jak někdo volá mé jméno.

Otevřu oči a vidím, jak ke mně jde máma. Ve tváři má ustaraný výraz. Usměju se a zamávám jí a ona **se uklidní**. “Zajímalo mě, kam jsi šla,” řekne. “Jsem ráda, že se ti na pláži líbí.” Odpovídám: “To ano.” “Je tu tak krásně.” “Já vím,” řekne. “Když jsem byla ve tvém věku, chodívala jsem sem pořád.” “Vážně?” Zeptám se. “Jo,” odpoví. “Je to zvláštní místo.” “Potkala jsi tady někdy někoho zvláštního?” Zeptám se. “Potkala,” odpoví s úsměvem. “S tvým otcem.” “Opravdu?” Řeknu **překvapeně**. “Ano,” řekne. “Chodili jsme sem spolu pořád. Tady jsme se do sebe zamilovali. “ Usměju se a **představím si, jak se** moji rodiče zamilovali na téhle

Op het strand

Na zonsopgang zijn de golven luider en het zand boven de vloed is wit. Ik loop naar het strand en **bewonder** de zee en de zon. Mijn tenen voelen de groeven van schelpen. Het zand is koud aan mijn tenen. Ik glimlach en loop door. Het is vloed, dus ik moet oppassen dat ik er niet in word getrokken. Ik loop langs de waterkant en bewonder de zee. De zonsopgang is **prachtig**, en de golven beuken. Ik voel me zo vredig. Ik kom op een plek waar een rots uitsteekt. Ik ga zitten en kijk naar de golven. Het water is zo blauw en de lucht is zo **oranje**. Ik voel me alsof ik in een droom ben. Ik sluit mijn ogen en luister alleen maar naar de golven. Ik zat daar een hele tijd, tot ik iemand mijn naam hoorde roepen.

Ik open mijn ogen en zie mijn moeder naar me toe lopen. Ze heeft een bezorgde blik op haar gezicht. Ik glimlach en zwaai, en ze **ontspant zich**. “Ik vroeg me al af waar je was,” zegt ze. “Ik ben blij dat je van het strand geniet.” Ik antwoord: “Dat doe ik.” “Het is hier zo mooi.” “Ik weet het,” zegt ze. “Ik kwam hier altijd toen ik zo oud was als jij.” “Echt waar?” Vraag ik. “Ja,” antwoordt ze. “Het is een speciale plek.” “Heb je hier ooit een speciaal iemand ontmoet?” Vraag ik. “Ik wel,” antwoordt ze met een glimlach. “Je vader.” “Echt waar?” Zeg ik, **verbaasd**. “Ja,” zegt ze. “We kwamen hier altijd

krásné pláži. “Je to zvláštní místo,” opakuje. “Jsem ráda, že jsi sem dnes přišel.”

Ještě chvíli tam sedíme a **pozorujeme** vlny a západ slunce. Pak se zvedáme a vracíme se k ručníkům. Lehnu si a dívám se na hvězdy. Cítím se tak šťastná a spokojená. Vlny jsou teď hlasitější a písek je studený. Slunce zapadá a fouká chladný vánek. Vlny se tříští o břeh a ve vzduchu je cítit sůl. Je to dokonalý večer pro pobyt na pláži. Procházím se po pobřeží, **poslouchám** šumění vln a pozoruji západ slunce. Vidím skupinku lidí, kteří sedí na písku, smějí se a vtipkují. Vypadají, že se skvěle baví. Přistoupím k nim a zeptám se, jestli se k nim můžu přidat. Souhlasí a zbytek večera strávíme povídáním, smíchem a pozorováním **západu slunce**. Je to dokonalý večer. Se skupinou si povídáme až do západu slunce. Sdílíme historky a vtipy a všichni se skvěle bavíme. Jak se začíná stmívat, začínáme se všichni cítit unavení. Políbíme se na **rozloučenou** a rozcházíme se. Vracím se do hotelu a cítím se šťastný a spokojený. Nemůžu uvěřit, jak je tu krásně. Jsem šťastná, že jsem to mohla **zažít.**

samen. Het is waar we verliefd werden. " Ik glimlach en **stel me voor hoe** mijn ouders verliefd werden op dit prachtige strand. "Het is een speciale plek," herhaalt ze. "Ik ben blij dat je hier vandaag bent."

We zitten daar nog een tijdje, **kijken naar** de golven en de zonsondergang. Dan staan we op en lopen terug naar onze strandhanddoeken. Ik ga liggen en kijk naar de sterren. Ik voel me zo gelukkig en tevreden. De golven zijn nu luider, en het zand is koud. De zon gaat onder en er waait een koel briesje. De golven beuken tegen de kust, en de geur van zout hangt in de lucht. Het is een perfecte avond om op het strand te zijn. Ik loop langs het strand, **luister** naar het geluid van de golven en kijk naar de zonsondergang. Ik zie een groep mensen op het zand zitten, lachend en grapjes makend. Ze zien eruit alsof ze het naar hun zin hebben. Ik loop naar ze toe en vraag of ik erbij mag komen zitten. Ze zeggen ja, en we brengen de rest van de avond door met praten, lachen en kijken naar de **zonsondergang**. Het is een perfecte avond. De groep en ik praten tot de zon ondergaat. We delen verhalen en grappen, en we hebben allemaal een geweldige tijd. Als de avond begint te vallen, beginnen we allemaal moe te worden. We kussen elkaar **vaarwel** en gaan uit elkaar. Ik loop terug naar mijn hotel en voel me gelukkig en tevreden. Ik kan niet geloven hoe mooi het hier is. Ik ben zo gelukkig dat ik het heb mogen **meemaken**.

Otázky s porozuměním

1. Kam jde vypravěčka po probuzení?

2. Co vypravěč obdivuje, když se prochází po pláži?

3. Na co si musí vypravěč dávat pozor, když se prochází po pláži?

4. Kam se vypravěč posadí, aby se pokochal výhledem?

5. Jak dlouho tam vypravěč sedí?

6. Koho vypravěč vidí, když znovu otevře oči?

7. Co říká vypravěčova matka?

8. O čem vypravěč a lidé, které potkává, mluví?

Begrip vragen

1. Waar gaat de vertelster heen nadat ze wakker is geworden?

2. Wat bewondert de vertelster als ze langs het strand loopt?

3. Waar moet de vertelster op letten als ze langs het strand loopt?

4. Waar gaat de verteller zitten om van het uitzicht te genieten?

5. Hoe lang blijft de verteller daar zitten?

6. Wie ziet de verteller als ze haar ogen weer opent?

7. Wat zegt de moeder van de verteller?

8. Waar praten de verteller en de mensen die ze ontmoet over?

Kempování u jezera

Jdu směrem k jezeru a **obdivuji** klidnou scenérii. Slunce praží do malého jezera, takže voda vypadá jako skleněná tabule. Jediným pohybem je občasné zavlnění, které způsobí ryba **rozrážející** hladinu. Dokonce i ptáci jako by si dávali pauzu od horka, vzduchem se nese jen zvuk cikád. **Náhle** klid naruší hlasité šplouchnutí. Z vody vyskočí velká **ryba a** snaží se chytit vážku. Ryba mine svůj cíl a se šplouchnutím spadne zpět do vody. "Páni," pomyslím si, "to byla velká ryba!". Rozhlédl jsem se kolem, jestli ji neviděl ještě někdo jiný, ale nikdo v okolí nebyl. Asi jim to budu muset říct, až se vrátím do tábora.

Horko je **úmorné a** špatně se dýchá. Vzduch je hustý a těžký jako deka, která vás obklopuje. Jedinou úlevou je voda. Je chladivá a osvěžující, jako studený nápoj v horkém dni. Zhluboka se nadechnu a ponořím se do vody. Úleva je okamžitá, jak mě chladná voda obklopí. Plavu ke dnu a pak se vracím na hladinu a cítím, jak mi voda ochlazuje tělo. Pokračuji v **plavání** koleček a užívám si úlevu od horka. Po chvíli vylezu z vody a lehnu si na trávu, aby mi slunce osušilo tělo. Zavřu oči a usnu, zvuk **cikád** mě ukolébá do hlubokého spánku. Nechávám slunce, aby mi z kůže vypeklo vodu. Cítím,

Kamperen aan het meer

Ik loop naar het meer en **bewonder** de vredigheid van het tafereel. De zon schijnt op het meertje, waardoor het water een glazen plaat lijkt. De enige beweging is af en toe een rimpeling van een vis **die** het wateroppervlak breekt. Zelfs de vogels lijken een pauze te nemen van de hitte, met alleen het geluid van cicaden die de lucht vullen. **Plotseling** wordt de rust verbroken door een luide plons. Een grote **vis** is uit het water gesprongen, in een poging een libel te vangen. De vis mist zijn doel en valt met een plons terug in het water. "Wow," denk ik bij mezelf, "dat was een grote vis!." Ik keek om me heen om te zien of iemand anders hem had gezien, maar er was niemand in de buurt. Ik denk dat ik het ze zal moeten vertellen als ik terug ben in het kamp.

De hitte is **drukkend**, waardoor het moeilijk is om te ademen. De lucht is dik en zwaar, als een deken om je heen gewikkeld. De enige verlichting is in het water. Het is koel en verfrissend, als een koud drankje op een warme dag. Ik haal diep adem en duik in het water. De opluchting is onmiddellijk als het koele water me omringt. Ik zwem naar de bodem en dan weer naar de oppervlakte, terwijl ik voel hoe het water mijn lichaam afkoelt. Ik blijf baantjes trekken en geniet van de

jak mi rudne kůže, ale je mi to jedno. Je mi příliš horko na to, aby mi to vadilo. vzápětí si uvědomím, že slunce zapadá. Obloha je krásně oranžová s růžovými a fialovými pruhy. Horko je pryč, nahradil ho chladný **vánek**.

Vstávám, oblékám se a cítím se svěží a omlazená. Zhluboka **se nadechnu** chladného vzduchu a usměju se. Je příjemné být naživu. Vracím se do kempu a obdivuji, jak barvy tančí na obloze. V dálce vidím hořící táborák a ve vzduchu cítím kouř. Usměju se a **zrychlím** krok. Jsem připravená odpočívat a užívat si zbytek večera. Vcházím do tábořiště a vidím, že se všichni shromáždili kolem ohně. **Smějí se** a vtipkují a já vidím, jak se jim oheň odráží v očích. Usměju se a posadím se vedle svých přátel. Je dobré být zpátky. Druhý den ráno vstávám brzy a začínám si balit věci. Nemůžu se dočkat, až se vrátím na stezku a budu pokračovat v cestě. Rozloučím se s přáteli a začnu odcházet. Během chůze se naposledy podívám na **tábořiště**. V dálce vidím stále hořící oheň a ve vzduchu cítím kouř.

afkoeling van de hitte. Na een tijdje kom ik uit het water en ga op het gras liggen, zodat de zon mijn lichaam kan drogen. Ik sluit mijn ogen en val in slaap, het geluid van de **cicaden** brengt me in een diepe slaap. Ik laat de zon het water uit mijn huid bakken. Ik voel dat mijn huid rood wordt, maar dat kan me niet schelen. Ik heb het te warm om me zorgen te maken. Het volgende dat ik weet, is dat de zon ondergaat. De lucht is prachtig oranje, met roze en paarse strepen. De hitte is weg, vervangen door een koel **briesje**.

Ik sta op en trek mijn kleren weer aan. Ik voel me verfrist en verjongd. Ik haal diep **adem** uit de koele lucht en glimlach. Het voelt goed om te leven. Ik loop terug naar de camping en bewonder de manier waarop de kleuren in de lucht dansen. In de verte zie ik het kampvuur branden, en ik ruik de rook in de lucht.
Ik glimlach en **versnel** mijn pas. Ik ben klaar om te ontspannen en te genieten van de rest van mijn avond. Ik loop de camping op en zie dat iedereen rond het vuur zit. Ze **lachen** en maken grapjes, en ik kan het vuur in hun ogen zien weerkaatsen. Ik glimlach en ga naast mijn vrienden zitten. Het is goed om terug te zijn. De volgende ochtend sta ik vroeg op en begin mijn spullen in te pakken. Ik sta te popelen om weer op pad te gaan en mijn reis voort te zetten. Ik neem afscheid van mijn vrienden en begin weg te lopen. Terwijl ik loop, werp ik nog een laatste blik op de **camping**. In de verte zie ik het vuur nog branden en ik ruik de rook in de lucht.

Otázky s porozuměním

1. Kam chodec jde?

2. Jaké je počasí?

3. Jak vypadá voda?

4. Jak chodec reaguje na teplo?

5. Co dělá ryba?

6. Proč je chodec sám?

7. Jaký je pocit z vody?

8. Jak se chodec cítí po plavání?

9. V kterou denní dobu se chodec probudí?

10. Kam jde chodec, když opustí tábor?

Begrip vragen

1. Waar gaat de wandelaar heen?

2. Wat voor weer is het?

3. Hoe ziet het water eruit?

4. Hoe reageert de wandelaar op de hitte?

5. Wat doet de vis?

6. Waarom is de wandelaar alleen?

7. Hoe voelt het water aan?

8. Hoe voelt de wandelaar zich na het zwemmen?

9. Hoe laat is het als de wandelaar wakker wordt?

10. Waar gaat de wandelaar heen als hij het kamp verlaat?

Dům

Minulý týden jsem se přestěhovala do svého nového domu a jsem z toho tak **nadšená**! Je mnohem větší než můj starý a má velkou zahradu. Nemůžu se dočkat, až k nám budou chodit přátelé na grilování a večírky. **Nejraději mám** svou novou ložnici. Je tak velká a světlá a mám tam spoustu místa na všechny své věci. Jsem se svým novým domem opravdu spokojená a myslím, že tu budu velmi šťastná. Rozhodla jsem se dům ještě trochu prozkoumat. Vyšla jsem nahoru do druhého patra a začala jsem se ubírat do kuchyně, když jsem na zdi uviděla velkého černého pavouka! Vykřikla jsem a běžela dolů. Byla jsem tak **vyděšená**! Ale po několika minutách jsem se uklidnila a rozhodla se vrátit nahoru. Pomalu jsem došla do kuchyně a uviděla, že pavouk je pryč. Tolik se mi ulevilo! Vrátila jsem se dolů a rozhodla se jít ven prozkoumat **dvorek**. Byl tak velký! Nemohla jsem tomu uvěřit. V rohu jsem uviděla houpačku a skluzavku. Také jsem viděla basketbalovou síť a **trampolínu**. Byla jsem tak nadšená!

Nemůžu se dočkat, až budu moci všechny tyto nové věci používat. Přišli **sousedé** a představili se. Vypadali opravdu mile a chvíli jsme si povídali. Pozvali mě na grilování příští víkend a já jsem řekl, že rád přijdu. První týden v novém domě jsem si užila a těším se na všechna nová dobrodružství, která mě čekají. Dnes

Het Huis

Ik ben vorige week in mijn nieuwe huis getrokken, en ik ben zo **opgewonden**! Het is zoveel groter dan mijn oude, en het heeft een grote achtertuin. Ik kan niet wachten om vrienden uit te nodigen voor BBQ's en feestjes. Mijn **favoriete** deel is mijn nieuwe slaapkamer. Hij is zo groot en licht, en ik heb veel ruimte om al mijn spullen op te bergen. Ik ben echt blij met mijn nieuwe huis en ik denk dat ik hier heel gelukkig zal zijn. Ik besloot om het huis nog wat verder te verkennen. Ik ging naar boven naar de tweede verdieping en ging op weg naar de keuken toen ik een grote zwarte spin op de muur zag! Ik gilde en rende naar beneden. Ik was zo **bang**! Maar na een paar minuten was ik gekalmeerd en besloot ik terug naar boven te gaan. Ik ging langzaam naar de keuken en zag dat de spin weg was. Ik was zo opgelucht! Ik ging terug naar beneden en besloot naar buiten te gaan om de **achtertuin te verkennen**. Hij was zo groot! Ik kon het niet geloven. Ik zag een schommel in de hoek en een glijbaan. Ik zag ook een basketbalnet en een **trampoline**. Ik was zo opgewonden!

Ik kan niet wachten om al deze nieuwe spullen te gebruiken. De **buren** kwamen langs en stelden zich voor. Ze leken erg aardig, en we hebben een tijdje gepraat. Ze nodigden me uit voor hun BBQ volgend weekend, en ik zei dat ik graag zou komen. Ik had een

se chystám znovu prozkoumat zahradu a zjistit, co ještě najdu. Kdo ví, třeba najdu i nějaký **poklad**. Už se nemůžu dočkat, co přinese příští týden! Další týden jsem se opět vydal na průzkum na dvorek a našel jsem **tajnou** zahradu. Byla tak krásná! Všude byly květiny a malé jezírko s rybami. Také jsem viděla houpačku, kterou jsem předtím neviděla. Byla jsem tak nadšená, že jsem tu tajnou zahradu našla, a už se nemůžu dočkat, až ji budu zkoumat dál. Bylo to tak **krásné**!

Všude byly květiny a rybníček s rybami. Také jsem viděla houpačku, kterou jsem předtím neviděla. Byla jsem nadšená, že jsem tuhle tajnou zahradu našla, a už se nemůžu dočkat, až ji budu moct prozkoumat víc. Také se mi líbil můj nový pokoj. Byl tak velký a světlý a na stěnách už visely plakáty mých oblíbených kapel. Dokonce jsem si ani nemusela brát žádný vlastní **nábytek,** protože už tu byla postel, komoda a psací stůl. Tohle bude ten nejlepší rok vůbec! Byla jsem trochu nervózní z toho, že začínám v nové **škole,** ale všichni moji noví sousedé byli tak přátelští. Dokonce jsem se seznámila s dívkou, která bydlí vedle, a ta říká, že se mnou první den půjde do školy pěšky.

geweldige eerste week in mijn nieuwe huis, en ik ben opgewonden over alle nieuwe avonturen die in het verschiet liggen. Vandaag ga ik weer op verkenning in de achtertuin en kijken wat ik nog meer kan vinden. Wie weet, misschien vind ik wel een **schat**. Ik kan niet wachten om te zien wat de volgende week brengt!
De volgende week ging ik weer op verkenning in de achtertuin, en ik vond een **geheime** tuin. Het was zo mooi! Er waren overal bloemen en een kleine vijver met vissen erin. Ik zag ook een schommel die ik nog niet eerder had gezien. Ik was zo opgewonden toen ik deze geheime tuin vond, en ik kan niet wachten om hem verder te verkennen. Het was zo **mooi**!

Er waren overal bloemen en een kleine vijver met vissen erin. Ik zag ook een **schommel** die ik nog niet eerder had gezien. Ik was zo opgewonden toen ik deze geheime tuin vond, en ik kan niet wachten om hem verder te verkennen. Ik vond mijn nieuwe kamer ook geweldig. Hij was zo groot en licht, en er hingen al posters van mijn favoriete bands aan de muur. Ik hoefde niet eens mijn eigen **meubels** mee te nemen, want er stonden al een bed, een dressoir en een bureau. Dit wordt het beste jaar ooit! Ik was een beetje nerveus om op een nieuwe **school** te beginnen, maar al mijn nieuwe buren zijn zo vriendelijk. Ik heb zelfs een meisje ontmoet dat naast me woont, en ze zegt dat ze op mijn eerste dag met me naar school zal lopen.

Otázky s porozuměním

1. Kde daná osoba žije?

2. Jak se mu v novém domě líbí?

3. Jaká je oblíbená část nového domu?

4. Co našel v zahradě?

5. Kdo jsou sousedé?

6. Jaké byly první dny v novém domě?

7. Jaká je oblíbená část nového pokoje?

8. Co má tato osoba v plánu dělat zítra?

9. Jaký byl nejlepší první týden v novém domě?

10. Co všechno je v novém pokoji této osoby?

Begrip vragen

1. Waar woont de persoon?

2. Hoe vindt de persoon het in het nieuwe huis?

3. Wat is het favoriete deel van het nieuwe huis van de persoon?

4. Wat heeft de persoon in de tuin gevonden?

5. Wie zijn de buren?

6. Hoe voelde de persoon zich de eerste dagen in het nieuwe huis?

7. Wat is het favoriete deel van de nieuwe kamer van de persoon?

8. Wat is de persoon van plan morgen te doen?

9. Wat was het beste deel van de eerste week van de persoon in het nieuwe huis?

10. Wat is er allemaal in de nieuwe kamer van de persoon?

Ve vlaku

Běžel jsem na nádraží, ale přišel jsem pozdě. Vlak už odjel beze mě. Cítila jsem se **naštvaná** a **zklamaná** sama sebou. Chtěla jsem jet vlakem za prarodiči, kteří žijí na venkově, ale teď budu muset čekat celou hodinu na další vlak. Rozhodla jsem se, že se místo toho budu chvíli procházet po městě, a snažila se zapomenout na promarněnou příležitost. Během chůze jsem začala **snít o** všech místech, kam vás **vlak** může dovézt. Najednou už jsem nebyl tak naštvaný. Zamířil jsem zpátky na nádraží a nemohl si nevšimnout velké červenobílomodré lokomotivy, která si to ke mně šinula. Teprve když vidím **průvodčího, jak** na mě mává z okna, uvědomím si, že tenhle vlak je pro mě. Nastoupím do vlaku, najdu si své místo a usadím se na místo, které slibuje dlouhou cestu.

Když vyjíždíme z nádraží, nemůžu si pomoct, ale přemýšlím, kam mě tenhle vlak zaveze. Přes zelená **pole** a modré řeky, kolem hor a údolí, nikdo neví, kam tenhle starý vlak pojede. Když se začne stmívat, upadám do **klidného** spánku, ukolébáván **rytmickým** pohybem vagónů na kolejích pod sebou. Když se ráno opět rozední, otevřu oči a zjistím, že jsme dorazili do malého městečka kdesi uprostřed ničeho. Slunce právě vykukuje nad obzor, když se na hlavní ulici začínají

In de trein

Ik rende naar het treinstation, maar ik was te laat. De trein was al vertrokken zonder mij. Ik voelde me zo **boos** en **teleurgesteld** in mezelf. Ik was van plan om met de trein naar mijn grootouders te gaan die op het platteland wonen, maar nu moest ik een heel uur wachten op de volgende trein. Ik besloot in plaats daarvan een eindje door de stad te lopen en probeerde mijn gemiste kans te vergeten. Terwijl ik liep, begon ik **te dagdromen** over alle plaatsen waar **treinen** je kunnen brengen. Plotseling was ik niet meer zo van streek. Ik liep terug naar het station en zag de grote rood-wit-blauwe locomotief die op me af kwam rijden. Pas als ik de **conducteur** vanuit het raam naar me zie zwaaien, realiseer ik me dat deze trein voor mij is. Ik stap in de trein en zoek een zitplaats. Ik ga zitten voor wat een lange reis belooft te worden.

Terwijl we het station uitrijden, vraag ik me af waar deze trein me heen zal brengen. Door groene **velden** en over blauwe rivieren, langs bergen en valleien, het is niet te zeggen waar deze oude trein heen zal gaan. Als de nacht begint te vallen, drijf ik weg in een **vredige** slaap, gewiegd door de **ritmische** beweging van de wagons op de sporen beneden. Als het weer ochtend wordt, open ik mijn ogen en zie dat we in een klein stadje

trousit místní obyvatelé; vypadá to tu jako každý jiný den až na jednu věc - u radnice je vyvěšena velká cedule s nápisem “Vítejte na palubě!”. Zdá se, že nás tohle městečko očekává, i když jsme jen obyčejný **osobní** vlak, který tudy projíždí na cestě jinam. Když necháváme město opět za sebou a řítíme se kdoví kam dál, usmívám se na všechny ty přátelské tváře, které nám mávají na rozloučenou z malých domků zasazených mezi **zemědělskou půdou -** je opravdu úžasné, jak něco tak zdánlivě obyčejného může přinést tolik radosti už jen tím, že tudy projíždíme. A pak jsou tu samozřejmě **děti**.

Vykláním se z okna lokomotivy. Vždycky mě potěší svýma zářícíma očima a širokým úsměvem. Energicky jsem jim zamával zpátky, než jsem se vrátil do své **kabiny** a posadil se. Už tak to byl dlouhý den, ale ještě není u konce; do našeho konečného **cíle zbývá** ještě několik hodin. Vytáhnu knihu a začnu si číst, nechám se ukolébat rytmickým houpáním vlaku. Každou chvíli se podívám na krajinu, která se míhá venku - nikdy mě neomrzí, ať ji vidím kolikrát chci. Nakonec se začne stmívat a v dálce se objeví **blikající** světla; už se blížíme. Zanedlouho vjíždíme na nádraží a zastavujeme.

ergens in niemandsland zijn aangekomen. De zon komt net boven de horizon als de plaatselijke bevolking zich in de hoofdstraat begint te mengen; het ziet er hier uit als elke andere dag, behalve één ding - er hangt een groot bord bij het stadhuis met de tekst “Welkom aan boord!” Het lijkt erop dat dit stadje ons verwacht, ook al zijn we maar een gewone passagierstrein op doorreis naar elders. Terwijl we de stad weer achter ons laten, op weg naar wie weet waar, glimlach ik om al die vriendelijke gezichten die ons uitzwaaien vanuit die kleine huisjes tussen **het boerenland -** het is echt verbazingwekkend hoe iets dat zo gewoon lijkt, zoveel vreugde kan brengen door er gewoon langs te rijden. En dan, natuurlijk, zijn er de **kinderen**.

Ik leun uit het raam van mijn locomotief. Ze maken me altijd zo blij met hun stralende ogen en grote grijnzen. Ik zwaai energiek naar ze terug voordat ik terugga naar mijn **cabine** en ga zitten. Het was al een lange dag, maar hij is nog niet voorbij; het duurt nog een paar uur voordat we onze **eindbestemming** bereiken. Ik pak mijn boek en begin te lezen, terwijl het ritmische schommelen van de trein me in een vredige toestand brengt. Af en toe kijk ik op naar het landschap dat buiten aan me voorbijtrekt - het verveelt nooit, hoe vaak ik het ook zie. Uiteindelijk begint de nacht te vallen en verschijnen er **twinkelende** lichtjes in de verte; we komen nu in de buurt. Snel genoeg rijden we het station binnen en komen tot stilstand.

Otázky s porozuměním

1. Kam jede vlak?

2. Kdo cestuje vlakem?

3. Kdy vlak odjíždí?

4. Jak se hlavní hrdina dostane do vlaku?

5. Odkud jede vlak?

6. Kam jede vlak příště?

7. Kdy cestující dorazili?

8. Jak se cítí hlavní hrdina, když mu ujede vlak?

9. Jak reaguje strojvedoucí, když spatří hlavního hrdinu?

10. Proč má hlavní hrdina rád vlaky?

Begrip vragen

1. Waar gaat de trein heen?

2. Wie reist er met de trein?

3. Wanneer vertrekt de trein?

4. Hoe komt de hoofdpersoon op de trein?

5. Waar komt de trein vandaan?

6. Waar gaat de trein nu heen?

7. Wanneer zijn de passagiers aangekomen?

8. Hoe voelt de hoofdpersoon zich als hij de trein mist?

9. Hoe reageert de treinmachinist als hij de hoofdpersoon ziet?

10. Waarom houdt de hoofdpersoon van treinen?

Vaření večeře

Je pět hodin odpoledne a já jdu z práce domů. **Těším se na** klidný večer doma s partnerem. Uvaříme si společně večeři a pak budeme po zbytek večera jen odpočívat. Je příjemné vědět, že dnes **večer** nemám žádné plány ani povinnosti. Přijdu domů a můj partner už je v kuchyni a začíná připravovat naši večeři. **Úžasně** to tu voní! Při vaření si povídáme, navzájem si vyprávíme o svých dnech a sdílíme drobné historky z pracovního života. Kuchyně je moje nejoblíbenější místnost v našem bytě. Ráda vařím a obzvlášť ráda vařím se svým partnerem. Vždycky se tu dobře bavíme, smějeme se a vtipkujeme, zatímco vaříme jako o život. Navíc když pracujeme **společně,** jídlo je vždycky **neuvěřitelné**.

Dnes večer připravujeme jeden z mých nejoblíbenějších receptů: **kuře na** parmazánu. Můj partner začne s obalováním kuřete, zatímco já na **plotně** vařím omáčku. Pracujeme společně jako dobře namazaný stroj a za chvíli je večeře připravená k podávání. Sedíme u našeho malého kuchyňského stolu s **talíři** plnými kuřecího parmezánu, těstovin a salátu. Cinkneme skleničkami a dáme si první sousto - a je to **božské**! Kuře je zvenku křupavé, ale uvnitř šťavnaté, omáčka je aromatická a dokonalá, těstoviny jsou uvařené al

Diner koken

Het is nu 5 uur 's middags en ik loop van mijn werk naar huis. Ik kijk **uit** naar een rustige avond thuis met mijn partner. We zullen samen eten koken en dan de rest van de avond ontspannen. Het voelt goed om te weten dat ik deze **avond** geen plannen of verplichtingen heb. Ik kom thuis en mijn partner is al in de keuken om ons eten klaar te maken. Het ruikt hier geweldig! We kletsen terwijl we koken, praten bij over elkaars dagen en delen kleine verhalen uit ons werkleven. De keuken is mijn favoriete kamer in ons appartement. Ik hou van koken, en vooral van koken met mijn partner. We hebben het hier altijd zo gezellig, we lachen en maken grapjes terwijl we koken. En het eten is altijd **heerlijk** als we **samenwerken**.

Vanavond maken we een van m'n lievelingsrecepten: Parmezaanse kip. Mijn partner begint met het paneren van de kip, terwijl ik de saus op het **fornuis** laat pruttelen. We werken samen als een goed geoliede machine en al snel is het eten klaar om op te dienen. We gaan aan onze kleine keukentafel zitten met **borden** vol met Parmezaanse kip, pasta en salade. We klinken op de glazen en nemen onze eerste hap, en het is **hemels**! De kip is knapperig van buiten maar sappig van binnen; de saus is smaakvol en perfect;

dente... všechno dnes večer chutná naprosto dokonale. Oba víme, že tohle byl jeden z těch večerů, kdy se všechno dokonale spojilo a my **si vychutnáváme** každé sousto našeho lahodného jídla. Chutnalo to ještě lépe, než to vonělo - což bylo zatraceně dobré! Jídlo dojíme poměrně rychle, protože ani jeden z nás dnes nemá zvláštní hlad, ale nespěcháme a vychutnáváme si ještě několik **skleniček** vína, zatímco si lehce povídáme na to či ono téma. Po večeři společně rychle uklidíme a pak se přesuneme do obývacího pokoje, kde strávíme nějaký čas **mazlením se** na gauči při sledování televize.

Po dlouhém dni stráveném odděleně v **práci je** to tak příjemné být si nablízku. Cítím se spokojeně. I když jsme neměli žádný rušný večer, bylo příjemné strávit spolu nějaký čas, aniž bychom museli opustit dům. Podívali jsme se na film a šli brzy spát, protože jsme byli **spokojení s** naší jednoduchou nocí. Tohle se stalo jednou z našich **oblíbených činností pro** večery, kdy se nám nechce nikam chodit - prostě si odpočineme doma a užíváme si vzájemnou společnost u domácího jídla. Je vždycky příjemné vědět, že se sem můžeme po dlouhém dni vrátit a být sami sebou.

de pasta is al dente gekookt... alles smaakt absoluut perfect vanavond. We weten allebei dat dit een van die avonden was waarop alles perfect samenkwam en we **genieten van** elke laatste hap van onze heerlijke maaltijd. Het smaakte nog beter dan het rook, en dat was verdomd goed! We eten relatief snel, omdat geen van ons beiden vandaag honger heeft, maar we nemen de tijd om nog een paar **glazen** wijn te drinken terwijl we luchtig kletsen over van alles en nog wat. Na het eten ruimen we snel samen op en gaan dan naar de woonkamer, waar we een poosje **knuffelen** op de bank terwijl we TV kijken.

Het voelt zo fijn om dicht bij elkaar te zijn na een lange dag apart **werken**. Ik voel me voldaan. Ook al hadden we geen avond vol belevenissen, het was fijn om gewoon wat tijd met elkaar door te brengen zonder het huis uit te hoeven. We keken een film en gingen vroeg naar bed, met een **voldaan** gevoel over onze eenvoudige avond. Dit is een van onze **favoriete** dingen geworden om te doen op avonden dat we niet uit willen gaan - gewoon thuis ontspannen en genieten van elkaars gezelschap tijdens een zelfgekookte maaltijd. Het is altijd fijn om te weten dat we hier na een lange dag kunnen terugkomen en gewoon onszelf kunnen zijn.

Otázky s porozuměním

1. Odkud pochází vypravěč?

2. Co dělá vypravěč po práci?

3. Co vypravěč jí k večeři?

4. Proč má vypravěč rád kuchyni?

5. Jaký pokrm dvojice vaří?

6. Jak se vypravěč cítí na konci večera?

7. Co pár nejraději dělá?

8. Co dělají manželé, když jsou unavení?

9. Kde spí?

10. Proč vypravěč rád zůstává doma?

Begrip vragen

1. Waar komt de verteller vandaan?

2. Wat doet de verteller na het werk?

3. Wat eet de verteller als avondeten?

4. Waarom houdt de verteller van de keuken?

5. Wat voor gerecht kookt het stel?

6. Hoe voelt de verteller zich aan het eind van de avond?

7. Wat is het favoriete ding van het koppel om te doen?

8. Wat doet het stel als ze moe worden?

9. Waar slapen ze?

10. Waarom blijft de verteller graag thuis?

Chůze domů

Když jsem šel z práce domů, byl **klidný** večer. Při chůzi jsem se nemohl ubránit úsměvu při vzpomínkách. Bylo příjemné být zpátky ve své staré čtvrti. Zamával jsem několika známým a oni mi zamávali zpátky. Bylo dobré být doma. Procházel jsem kolem své staré školy a **vzpomínal na** všechny ty hezké chvíle, které jsem prožil se svými přáteli. Vždycky jsme šli domů společně a povídali si o tom, co jsme prožili. **Někdy** jsme se zastavili na zmrzlinu nebo šli do parku. To byly ty nejlepší časy. Stýská se mi po nich. Ale teď mám vlastní rodinu a jsem se svým životem spokojená. Jsem ráda, že se na ty vzpomínky můžu podívat a usmívat se. Jsou součástí mého života, které si budu vždycky vážit. Byly to ty nejlepší časy. Chybí mi ty časy. Ale teď mám vlastní rodinu a jsem se svým životem spokojená. Jsem rád, že se na ty **vzpomínky** mohu ohlédnout a usmívat se. Jsou součástí mého života, které si budu vždy vážit.

Jdu dál a vzpomínám na hezké chvíle, které jsem prožil se svými přáteli. Vím, že je brzy zase uvidím. Mířím ke svému domovu a rozhodnu se projít nedalekým parkem. Slunce zapadá a obloha se zbarvuje do **krásné** oranžové barvy. Park je prázdný, až na pár ptáků, kteří cvrlikají na stromech. Zhluboka **se nadechnu** a usměju se. Když procházím parkem,

Walking Home

Het was een **rustige** avond toen ik van mijn werk naar huis liep. Terwijl ik liep, kon ik niet anders dan glimlachen bij de herinneringen. Het voelde goed om terug in mijn oude buurt te zijn. Ik zwaaide naar een paar mensen die ik kende, en zij zwaaiden terug. Het was goed om thuis te zijn. Ik liep langs mijn oude school en **herinnerde me** alle leuke tijden die ik had met mijn vrienden. We liepen altijd samen naar huis en praatten over onze dag. **Soms** stopten we om een ijsje te halen of gingen we naar het park. Dat waren de beste tijden. Ik mis die tijden. Maar nu heb ik mijn eigen familie en ik ben blij met mijn leven. Ik ben blij dat ik op die herinneringen kan terugkijken en glimlachen. Ze zijn een deel van mijn leven dat ik altijd zal koesteren. Dat waren de beste tijden. Ik mis die tijden. Maar nu heb ik mijn eigen familie en ben ik gelukkig met mijn leven. Ik ben blij dat ik kan terugkijken op die **herinneringen** en kan glimlachen. Ze zijn een deel van mijn leven dat ik altijd zal koesteren.

Ik blijf lopen, denkend aan de goede tijden die ik had met mijn vrienden. Ik weet dat ik ze snel weer zal zien. Ik ga richting mijn huis en besluit door een park in de buurt te lopen. De zon gaat onder en de lucht kleurt **prachtig** oranje. Het park is leeg, behalve een

vidím, jak se po obloze táhne padající hvězda. Něco si k té hvězdě přeji a pokračuji v chůzi. Přemýšlím o svém dni v práci a o tom, jak byl **klidný.** Usmívám se pro sebe a přemýšlím o tom, jaké mám štěstí, že mám tak skvělou práci. Jdu domů a na kůži **cítím** chladný noční vzduch. Cítím se tak živá a šťastná, užívám si prostý akt chůze domů v klidné noci. Cítila jsem se tak dobře, že jsem **si** začala **pískat**. Prošel jsem kolem několika lidí na ulici, ale všichni si hleděli svého.

Zahnul jsem za roh do své ulice a uviděl sousedovic kocoura pana Fouska, jak sedí na verandě. Pozdravil jsem ho a on mi mňouknutí oplatil. **Odemkl** jsem dveře a vešel dovnitř. Byl jsem tak šťastný, že jsem doma. Zula jsem si boty a chystala se do postele. Tu noc jsem šla spát s pocitem štěstí a vděčnosti, se srdcem plným lásky. Celou noc jsem klidně spala a o nic se nestarala. Probudila jsem se z klidného spánku a **přivítalo mě** slunce, které svítilo oknem dovnitř. Vstal jsem z postele, protáhl se, zhluboka se nadechl a cítil, jak mi chladný vzduch plní plíce. Přešla jsem k oknu a vyhlédla ven, slyšela jsem cvrlikání ptáků a hru **veverek.** Usmála jsem se a šla se obléknout, cítila jsem se šťastná a spokojená.

paar vogels die in de bomen tjilpen. Ik haal diep **adem** en glimlach. Terwijl ik door het park loop, zie ik een vallende ster door de lucht scheren. Ik doe een wens op die ster, en loop verder. Ik denk aan mijn dag op het werk en hoe **vredig** het was. Ik glimlach in mezelf, denkend aan hoe gelukkig ik ben dat ik zo'n geweldige baan heb. Ik loop naar huis en **voel** de koele nachtlucht op mijn huid. Ik voel me zo levendig en gelukkig, gewoon genietend van de eenvoudige handeling van het naar huis lopen op een vredige avond. Ik voelde me zo goed, dat ik begon te **fluiten**. Ik liep langs een paar mensen op straat, maar ze bemoeiden zich allemaal met hun eigen zaken.

Ik draaide de hoek van mijn straat om en zag de kat van mijn buren, Mr. Whiskers, op mijn veranda zitten. Ik zei hem gedag en hij miauwde terug. Ik **deed** mijn deur **van het slot** en ging naar binnen. Ik was zo blij om thuis te zijn. Ik trok mijn schoenen uit en maakte me klaar om naar bed te gaan. Ik ging die avond naar bed met een blij en dankbaar gevoel, mijn hart vol liefde. Ik sliep de hele nacht rustig door, zonder me ergens zorgen over te maken. Ik werd wakker uit een rustgevende slaap en werd **begroet** door de zon die door mijn raam naar binnen scheen. Ik stapte uit bed en rekte me uit, haalde diep adem en voelde hoe de koele lucht mijn longen vulde. Ik liep naar mijn raam en keek naar buiten, hoorde de vogels kwetteren en de **eekhoorns** spelen. Ik glimlachte en kleedde me aan, blij en tevreden.

Otázky s porozuměním

1. Co dělal hlavní hrdina na začátku příběhu?

2. Na co hlavní hrdina myslel, když šel domů?

3. Co dělal hlavní hrdina s přáteli po škole?

4. Co hlavnímu hrdinovi chybí z těch časů?

5. Co si hlavní hrdina myslí o svém současném životě?

6. Co udělá hlavní hrdina, když spatří padající hvězdu?

7. Jak se hlavní hrdina cítí, když jde domů?

8. Co udělá hlavní hrdina, když se vrátí domů?

9. Jak se hlavní hrdina cítí, když se druhý den ráno probudí?

10. Co dělá hlavní hrdina následující den?

Begrip vragen

1. Wat was de hoofdpersoon aan het doen toen het verhaal begon?

2. Waar dacht de hoofdpersoon aan toen hij naar huis liep?

3. Wat deed de hoofdpersoon vroeger met vrienden na school?

4. Wat mist de hoofdpersoon van die tijd?

5. Wat vindt de hoofdpersoon van zijn huidige leven?

6. Wat doet de hoofdpersoon als hij een vallende ster ziet?

7. Hoe voelt de hoofdpersoon zich als ze naar huis lopen?

8. Wat doet de hoofdpersoon als ze thuiskomen?

9. Hoe voelt de hoofdpersoon zich als hij de volgende ochtend wakker wordt?

10. Wat doet de hoofdpersoon de volgende dag?

Hrad

Rodina si vždycky přála navštívit starý hrad v **Německu,** a tak se nakonec vydala na cestu. Nebyli **zklamaní**. Zámek byl krásný a rádi si prohlédli jeho četné místnosti a chodby. První, co je zarazilo, byla vůně. Našli **plíseň**, vlhkost a ještě něco, co nedokázali přesně pojmenovat. Druhou věcí byl zvuk. Kamenné zdi jsou sice silné, ale zvuk úplně neumlčí. Slyšeli každý krok, každé slovo pronesené normálním hlasem a občasné kapání vody **někde v** dálce. Když se jejich oči přizpůsobily tlumenému světlu, uviděli kolem sebe mohutné kamenné zdi, z nichž visely gobelíny v **roztrhaných** cárech. Stáli v obrovském sále s vysokým stropem podepřeným vyřezávanými sloupy. Líbil se jim také výhled z věžiček a děti se skvěle bavily běháním po areálu. Než skončili s prohlídkou hradu, začalo zapadat **slunce a** oni litovali, že si nevzali **baterku**. Rozhodly se, že se vrátí ke vchodu, ale brzy se ztratily. Bloudili snad celé hodiny, až nakonec narazili na dveře, které vedly ven. Pokračovali dál, až **došli na** konec chodby a narazili na impozantní dvojité dveře. Ať se snažili sebevíc, dveře se nechtěly pohnout. **Zlověstně** zarachotily, ale nepohnuly se ani o píď. Vypadalo to, že ať už tu byl předtím kdokoli, musel tudy projít a zamknout je zevnitř. Nakonec se jim podařilo najít cestu ven. Když vyšli na chladný noční vzduch, zaplavila je

Het kasteel

De familie had altijd al eens een oud kasteel in **Duitsland** willen bezoeken, en eindelijk hebben ze de reis gemaakt. Ze werden niet **teleurgesteld**. Het kasteel was prachtig, en ze genoten van het verkennen van de vele kamers en gangen. Het eerste wat hen trof was de geur. Ze vonden **schimmel**, vochtigheid, en iets anders waar ze hun vinger niet op konden leggen. Het tweede was het geluid. Stenen muren zijn dik, maar ze dempen het geluid niet volledig. Ze hoorden elke voetstap, elk woord dat met een normale stem werd gesproken, en af en toe een druppeltje water **ergens** in de verte. Toen hun ogen zich aanpasten aan het zwakke licht, zagen zij overal om hen heen massieve stenen muren opdoemen, waaraan wandtapijten in flarden hingen. Ze stonden in een enorme hal met een hoog plafond, ondersteund door gebeeldhouwde pilaren. Ze hielden ook van het uitzicht vanaf de torentjes, en de kinderen vermaakten zich met rondrennen over het terrein. De **zon** begon al onder te gaan tegen de tijd dat ze klaar waren met het verkennen van het kasteel, en ze betreurden het dat ze geen **zaklamp** hadden meegenomen. Ze besloten om terug te gaan naar de ingang, maar al snel waren ze verdwaald. Ze dwaalden urenlang rond, tot ze eindelijk een deur tegenkwamen die naar buiten

úleva.

Slunce začalo zapadat a oni **litovali, že** si nevzali baterku. Rozhodli se vrátit ke vchodu, ale brzy zjistili, že se ztratili. Bloudili snad celé hodiny, až nakonec narazili na dveře, které vedly **ven**. Když vyšli na chladný noční vzduch, zaplavila je úleva. Dalšího večera si s sebou vzali baterku, aby prozkoumali zbytek hradu. Prošli **nádvořím a sešli** k řece, která tekla za hradbami. Jak se tak procházeli, začali slyšet podivné zvuky. Znělo to, jako by je někdo sledoval. Zrychlili krok, ale zvuky byly stále hlasitější a blíž. Rodina běžela zpátky k hradu, jak nejrychleji mohla, a s úlevou zjistila, že postava v **tmavém** plášti je nepronásleduje.

leidde. Ze liepen door tot ze **aan het** eind van de gang kwamen bij een imposant stel dubbele deuren. Hoe ze ook probeerden, de deuren wilden niet bewegen. Ze rammelden **onheilspellend**, maar bewogen geen centimeter. Het leek erop dat degene die hier eerder was, hier doorheen was gegaan en ze van binnenuit had afgesloten. Uiteindelijk vinden ze een uitweg. Opluchting overspoelde hen toen ze naar buiten stapten in de koele nachtlucht.

De zon begon onder te gaan en zij **betreurden het** dat zij geen zaklamp hadden meegenomen. Ze besloten terug te gaan naar de ingang, maar al gauw waren ze verdwaald. Ze dwaalden urenlang rond, tot ze eindelijk een deur tegenkwamen die **naar buiten** leidde. Opluchting overviel hen toen ze naar buiten stapten in de koele nachtlucht. De volgende avond namen ze een zaklamp mee om de rest van het kasteel te verkennen. Ze liepen over de **binnenplaats** en naar de rivier die achter de kasteelmuren stroomde. Terwijl ze rondliepen, begonnen ze vreemde geluiden te horen. Het klonk alsof iemand hen volgde. Ze versnelden hun pas, maar de geluiden werden luider en dichterbij. De familie rende zo snel als ze konden terug naar het kasteel, en ze waren opgelucht toen ze zagen dat de figuur in de **donkere** mantel hen niet was gevolgd.

Otázky s porozuměním

1. Co udělala rodina, když se ztratila na hradě?

2. Jak se rodina cítila, když zjistila, že to byl jen místní muž?

3. Co udělal muž, kvůli kterému byl zatčen?

4. Jaký byl rozsudek pro tohoto muže?

5. Jaký hluk rodina slyšela na procházce?

6. Kde byla postava v tmavém plášti, když ji rodina spatřila?

7. Co dělala rodina, když se vrátila do svého pokoje?

8. Kdy se rodina znovu vydala na prohlídku hradu?

Begrip vragen

1. Wat deed de familie toen ze verdwaald waren in het kasteel?

2. Hoe voelde de familie zich toen ze erachter kwamen dat het gewoon een lokale man was?

3. Wat heeft de man gedaan waardoor hij gearresteerd is?

4. Wat was de straf voor de man?

5. Welk geluid hoorde de familie tijdens de wandeling?

6. Waar was de figuur in de donkere mantel toen de familie hem zag?

7. Wat deed de familie toen ze terugkwamen in hun kamer?

8. Wanneer ging de familie het kasteel weer verkennen?

Moje zahrada

Moje zahrada je mým šťastným místem. Chodím tam každý den, ať prší nebo svítí slunce, a trávím čas péčí o své rostliny. Mám tam od **všeho trochu - zeleninu,** ovoce, květiny, bylinky. Dokonce mám i několik slepic, které mi pomáhají držet škůdce na uzdě. Své dny na zahradě začínám sbíráním vajec od slepic. Pak zkontroluji zeleninu a ujistím se, že má dostatek vody a slunce. Vypleju záhony a vybírám brouky, kteří by mohli rostliny **napadnout.** Jakmile je o **vše postaráno,** sednu si a užívám si klidu a ticha přírody.

Vždycky jsem ráda trávila čas na zahradě. Je to něco, co mě obklopuje, když jsem obklopena přírodou a všemi jejími **krásami.** Považuji ji za velmi klidné a uklidňující místo. Často trávím čas na zahradě, jen tak odpočívám a kochám se krajinou. Ráda také pracuji na zahradě a něco na ní pěstuju. Mám docela velkou zahradu a ráda na ní pěstuju **různé** věci. Pěstuji květiny, **zeleninu** a bylinky. Mám také několik ovocných stromů, které plodí výborná jablka, hrušky a švestky. Kromě pěstování mě také baví trávit čas procházkami po zahradě a **obdivovat** všechny ty různé rostliny a zvířata, která jsou na ní doma. V průběhu let jsem strávil mnoho hodin prací na tom, aby se moje **zahrada** stala místem, které je nejen krásné, ale také funkční.

Mijn tuin

Mijn tuin is mijn geluksplek. Ik ga er elke dag heen, regen of zonneschijn, en besteed tijd aan het verzorgen van mijn planten. Ik heb een beetje van **alles: groenten**, fruit, bloemen, kruiden. Ik heb zelfs een paar kippen die helpen het ongedierte op afstand te houden. Ik begin mijn dagen in de tuin met het rapen van eieren bij de kippen. Dan controleer ik mijn groenten en zorg ervoor dat ze genoeg water en zon krijgen. Ik wied de bedden en verwijder insecten die de planten kunnen **aanvallen**. Als **alles** is gedaan, leun ik achterover en geniet van de rust en stilte van de natuur.

Ik heb altijd graag tijd doorgebracht in mijn tuin. Er is iets met het omringd zijn door de natuur en al het **moois** dat zij te bieden heeft. Ik vind het een heel vredige en kalmerende plek. Ik breng vaak tijd door in mijn tuin, gewoon om te ontspannen en te genieten van het landschap. Ik geniet er ook van om in mijn tuin te werken en dingen te kweken. Ik heb een behoorlijk grote tuin, en ik kweek er graag **verschillende** dingen in. Ik kweek bloemen, **groenten** en kruiden. Ik heb ook een paar fruitbomen die heerlijke appels, peren en pruimen voortbrengen. Naast het kweken van dingen, vind ik het ook leuk om gewoon in mijn tuin rond te lopen en de verschillende planten en dieren te

Ráda pozoruji poletující ptáky a poslouchám jejich zpěv. Někdy si dokonce vytáhnu knihu a čtu si na zahradě, zatímco jsem obklopena vší tou krásou, kterou jsem vytvořila. **Zahradničení** je moje vášeň a přináší mi tolik radosti. Každý den na mé zahradě je dobrý den.

Jednou z věcí, které ráda dělám, je vaření, takže dobře zásobená bylinková zahrádka je pro mě velmi **důležitá.** Tymián, bazalka, oregano, rozmarýn, šalvěj a levandule jsou jen některé z bylinek, které ráda pěstuju na zahradě, abych je mohla používat při přípravě jídel pro sebe nebo pro **hosty**. Další věc, která je pro mě v zahradě důležitá, je zajistit, aby byla zahrada pestrá. Abych tohoto cíle dosáhla, pěstuju nejrůznější květiny, včetně **růží**, lilií, sedmikrásek, tulipánů, impatiens, měsíčků atd. Kromě toho, že květy dodávají zahradě barvy, ráda jí také dodávám zajímavost použitím různých **textur.** Mohu například vysadit kapradiny pod vzrostlé slunečnice nebo hosty **vedle** ostnatých okrasných trav. Ať už se v životě děje cokoli, práce na zahradě mi vždy pomůže cítit se více spojená s přírodou a v klidu sama se sebou.

bewonderen die er wonen. Ik heb in de loop der jaren vele uren besteed om van mijn **tuin** een plek te maken die niet alleen mooi is, maar ook functioneel. Ik kijk graag naar de vogels die rondfladderen en luister naar hun gezang. Soms haal ik zelfs een boek tevoorschijn en lees in de tuin terwijl ik omringd ben door al het moois dat ik heb gecreëerd. **Tuinieren** is mijn passie en het brengt me zoveel vreugde. Elke dag in mijn tuin is een goede dag.

Een van de dingen die ik graag doe is koken, dus een goed gevulde kruidentuin is erg **belangrijk** voor me. Tijm, basilicum, oregano, rozemarijn, salie en lavendel zijn slechts enkele van de kruiden die ik graag in mijn tuin kweek, zodat ik ze kan gebruiken bij het bereiden van maaltijden voor mezelf of voor **gasten**. Wat ik ook belangrijk vind in mijn tuin is dat er veel kleur in zit. Om dit doel te bereiken, kweek ik een grote verscheidenheid aan bloemen, waaronder **rozen**, lelies, madeliefjes, tulpen, impatiens, goudsbloemen, enz. Naast het toevoegen van kleur met bloemen, vind ik het ook leuk om verschillende **texturen te** gebruiken in de tuin. Zo plant ik bijvoorbeeld varens onder torenhoge zonnebloemen of hosta's **naast** stekelige siergrassen. Wat er verder ook aan de hand is in mijn leven, door in mijn tuin **te** werken voel ik me altijd meer verbonden met de natuur en in vrede met mezelf.

Otázky s porozuměním

1. Kde se nachází autorova zahrada?

2. Kolik kuřat má autor?

3. Co dělá autor na zahradě každý den?

4. Proč se autorovi líbí zahrada?

5. Jaké byliny autorka na zahradě pěstuje?

6. Proč je pro autora důležité, že je v jeho zahradě mnoho barev?

7. Jak autor zpestřuje svou zahradu?

8. Jak se autor cítí, když pracuje na své zahradě?

9. Co způsobuje, že se autor cítí propojen, když je na své zahradě?

10. Proč je každý den v autorově zahradě dobrým dnem?

Begrip vragen

1. Waar is de tuin van de auteur?

2. Hoeveel kippen heeft de schrijver?

3. Wat doet de schrijver elke dag in de tuin?

4. Waarom houdt de auteur van de tuin?

5. Welke kruiden plant de auteur in de tuin?

6. Waarom is het belangrijk voor de auteur dat er veel kleuren in zijn tuin zijn?

7. Hoe brengt de auteur afwisseling in zijn tuin?

8. Hoe voelt de schrijver zich als hij in zijn tuin werkt?

9. Waardoor voelt de auteur zich verbonden als hij in zijn tuin is?

10. Waarom is elke dag in de tuin van de auteur een goede dag?

Nakupování

Ráda chodím **nakupovat do** obchodního centra. Je to vždycky taková zábava procházet se a prohlížet si různé obchody. V obchodním centru si každý najde něco pro sebe a vždycky se tam dají najít výhodné nabídky oblečení, bot a doplňků. **Obvykle** začínám nákupní cestu tím, že projdu hlavním **vchodem do** nákupního centra. Odtud zamířím nejprve do svých oblíbených obchodů. Po prohlédnutí těchto obchodů se projdu po okolí a zjistím, zda na jiných místech neprobíhají nějaké výprodeje. Obvykle nakonec strávím v nákupním centru několik hodin, než konečně nakoupím. Při nakupování si vždycky ráda dávám na čas, **protože si** chci být jistá, že si koupím **přesně** to, co chci. Navíc je to tak prostě větší zábava!

Vždycky mě **fascinuje** pozorovat lidi, když jsem v nákupním centru. Podle toho, jak člověk nakupuje, se toho o něm dá hodně poznat. Někteří lidé jsou velmi metodičtí a nikam nespěchají, zatímco jiní jako by jen popadli, **co se** dá, a co nejrychleji zamířili k pokladně. Jsou i tací nakupující, kteří se zdají být více zaujati telefonováním nebo psaním SMS zpráv než skutečným prohlížením zboží! Bez ohledu na to, jaký typ nakupujícího jste, se zdá, že si každý užívá nakupování ve výloze - i když si vlastně nic nekoupí. Je prostě něco,

Gaan winkelen

Ik hou ervan om te gaan **winkelen** in het winkelcentrum. Het is altijd zo leuk om rond te lopen en naar alle verschillende winkels te kijken. Er is voor elk wat wils in het winkelcentrum, en het is altijd een geweldige plek om deals te vinden voor kleren, schoenen en accessoires. Ik begin mijn shoppingtrip meestal met een wandeling door de **hoofdingang** van het winkelcentrum. Van daaruit ga ik eerst naar mijn favoriete winkels. Na het bekijken van die winkels, loop ik rond en kijk of er een verkoop gaande is op andere plaatsen. Meestal ben ik wel een paar uur in het winkelcentrum voordat ik eindelijk mijn aankopen doe. Ik neem altijd graag mijn tijd als ik ga winkelen**, want** ik wil zeker weten dat ik **precies** krijg wat ik wil. Plus, het is gewoon leuker op die manier!

Ik vind het altijd zo **fascinerend** om mensen te kijken als ik in het winkelcentrum ben. Je kunt echt veel over een persoon vertellen door de manier waarop ze winkelen. Sommige mensen zijn heel methodisch en nemen hun tijd, terwijl anderen gewoon lijken te grijpen **wat** ze kunnen en zo snel mogelijk naar de kassa gaan. Er zijn ook shoppers die meer geïnteresseerd lijken te zijn in het praten op hun mobieltje of in sms'en dan in het bekijken van de koopwaar! Het maakt echter

co mi dělá radost, když se dívám na všechny ty krásné věci ve **výlohách.** Někdy si představuji, jaké by to bylo, kdybych si mohla dovolit **všechno, co** vidím! Celkově je den strávený nakupováním v obchodním centru jednou z mých nejoblíbenějších zábav. Je to skvělý způsob, jak si odpočinout a uvolnit se, a zároveň si trochu zacvičit (pokud se dostatečně projdete). Navíc je **vždycky** příjemné si čas od času dopřát nové tričko nebo boty!

Měla jsem za sebou **dlouhý** den v práci a konečně jsem měla trochu času pro sebe, tak jsem se rozhodla jít nakupovat do obchoďáku. Potřebovala jsem nějaké nové oblečení na **nadcházející** sezónu. Jakmile jsem vešla dovnitř, uviděla jsem všechna ta jasná světla a nablýskané výlohy. Nejdřív jsem zamířila do svého oblíbeného obchodu a začala si prohlížet regály. Našla jsem si několik hezkých topů a vyzkoušela si je v šatně. Když jsem se na sebe dívala do zrcadla, uslyšela jsem, jak někdo přichází do vedlejší šatny. V hlase jsem poznala jednoho ze svých kolegů. Pozdravily jsme se a začaly si povídat o práci. Po několika minutách jsme oba skončili a šli **každý svou** cestou, ale později jsme na sebe znovu narazili. Pokračovali jsme v rozhovoru a zjistili, že máme společného víc, než jsme si mysleli.

niet uit wat voor soort shopper je bent, iedereen lijkt te genieten van window shopping - zelfs als je niet echt iets koopt. Er is gewoon iets aan het kijken naar al die mooie dingen in de **etalages** dat me gelukkig maakt. Soms fantaseer ik over hoe het zou zijn als ik me **alles** kon veroorloven wat ik zie! Al met al is een dagje winkelen in het winkelcentrum een van mijn favoriete bezigheden. Het is een geweldige manier om te ontspannen en tot rust te komen, terwijl je ook een beetje beweging krijgt (als je maar genoeg rondloopt). Bovendien is het **altijd** leuk om jezelf af en toe te trakteren op een nieuw shirt of een paar schoenen!

Ik had een **lange** dag op het werk en had eindelijk wat tijd voor mezelf, dus besloot ik te gaan winkelen in het winkelcentrum. Ik had wat nieuwe kleren nodig voor het **komende** seizoen. Zodra ik binnenkwam, zag ik al die felle lichten en glimmende etalages. Ik ging eerst naar mijn favoriete winkel en begon door de rekken te snuffelen. Ik vond een paar leuke topjes en paste ze in de kleedkamer. Terwijl ik mezelf in de spiegel bekeek, hoorde ik iemand de kleedkamer naast de mijne binnenkomen. Ik herkende zijn stem als een van mijn collega's. We zeiden hallo en begonnen te kletsen over het werk. Na een paar minuten waren we allebei klaar en gingen we onze **eigen** weg, maar later kwamen we elkaar weer tegen. We praatten verder en beseften dat we meer gemeen hadden dan we dachten.

Otázky s porozuměním

1. Kde skladujete nejraději?

2. Jaký je váš oblíbený obchod v nákupním centru?

3. Jak dlouho se obvykle zdržujete v nákupním centru?

4. Co si myslíte o lidech, kteří tráví hodně času v nákupním centru?

5. Co nejraději děláte v nákupním centru?

6. Koupili jste si někdy v obchodě něco, co jste ve skutečnosti nepotřebovali?

7. Jak reagujete, když v obchodním centru vidíte něco, co by se vám opravdu líbilo, ale je to příliš drahé?

8. Viděli jste někdy něco v obchodním centru a přemýšleli jste, kdo by si to koupil?

9. Jaký je váš názor na lidi, kteří se v obchodním centru věnují mobilním telefonům, místo aby si prohlíželi obchody?

Begrip vragen

1. Waar sla je het liefst op?

2. Wat is je favoriete winkel in het winkelcentrum?

3. Hoe lang blijft u meestal in het winkelcentrum?

4. Wat vind je van mensen die veel tijd in het winkelcentrum doorbrengen?

5. Wat is uw favoriete bezigheid in het winkelcentrum?

6. Heb je ooit iets gekocht in het winkelcentrum terwijl je het niet echt nodig had?

7. Hoe reageert u als u in het winkelcentrum iets ziet dat u heel graag zou willen hebben, maar dat te duur is?

8. Heb je ooit iets in het winkelcentrum gezien en je afgevraagd wie het zou kopen?

9. Wat vindt u van mensen die in het winkelcentrum met hun mobieltje bezig zijn in plaats van naar de winkels te kijken?

Na trhu

V sobotu ráno vstávám brzy a chci se dostat na **trh** dřív, než tam bude příliš mnoho lidí. Hodím na sebe nějaké oblečení a vyrazím ze dveří, cestou si vezmu tašky na opakované použití. Během chůze začínám plánovat, co chci na příští týden uvařit. Vím, že chci alespoň jednou **upéct** zeleninu, takže budu muset koupit nějakou kvalitní zeleninu. Chci také uvařit polévku nebo guláš, takže budu muset sehnat i nějaké maso. Musím se podívat, co vypadá dobře, až tam dorazím. Trh je jen pár bloků odtud a já už vidím rozestavěné stánky a **lidi, kteří** se tam mísí.

Přijdu na trh a zamířím rovnou ke stánku se zeleninou. Výběr je nádherný a já si plním tašky nejrůznějšími **čerstvými** produkty. Chvíli si povídám s farmářem a on mi doporučí několik receptů. Těším se, až je vyzkouším. Během nakupování si povídám s **farmáři a poznávám** je i jejich produkty. Když mám všechnu zeleninu, kterou potřebuji, přecházím do oddělení masa. Tady jsem trochu váhavější, protože si nejsem jistá, co chci koupit. Nakonec se rozhodnu pro kuřecí maso, protože je univerzální a dá se použít do různých pokrmů. Kupuji také několik různých kusů masa, přičemž dbám na to, aby bylo hovězí maso krmené trávou a **kuřecí maso z** volného chovu. Řezník byl přátelský muž, vždy veselý,

Op de markt

Ik sta op zaterdagochtend vroeg op, popelend om naar de **markt te gaan** voordat het te druk wordt. Ik trek wat kleren aan en ga de deur uit, terwijl ik onderweg mijn herbruikbare tassen pak. Terwijl ik loop, begin ik te plannen wat ik de komende week wil maken. Ik weet dat ik minstens één keer groenten wil **roosteren**, dus ik moet wat groenten van goede kwaliteit kopen. Ik wil ook een soep of stoofpot maken, dus ik moet ook wat vlees kopen. Ik zal moeten kijken wat er goed uitziet als ik daar ben. De markt is maar een paar straten verderop, en ik zie de kraampjes al staan en de **mensen al rondlopen**.

Ik kom aan op de markt en ga meteen naar de groentekraam. Het aanbod is prachtig en ik vul mijn tassen met een verscheidenheid aan **verse** producten. Ik maak een praatje met de boer en hij raadt me een paar recepten aan. Ik ben enthousiast om ze uit te proberen. Ik maak een praatje met de **boeren** terwijl ik aan het winkelen ben en leer hen en hun producten kennen. Als ik alle groenten heb die ik nodig heb, ga ik naar de vleesafdeling. Ik aarzel een beetje, omdat ik niet zeker weet wat ik wil hebben. Uiteindelijk kies ik voor kip, omdat dat veelzijdig is en in allerlei gerechten kan worden gebruikt. Ik koop

přestože pracoval dlouho. Zabalil mi kuřecí prsa a steak a pak si se mnou povídal o svých víkendových plánech. Rozloučil jsem se s ním a pokračoval v cestě. V mléčném oddělení jsem si ještě vzal vajíčka a sýr.

Na trhu se to hemžilo lidmi, kteří se nemohli **dočkat**, až si budou moci koupit čerstvé produkty a maso, které se zde nabízely. Vzduch byl prosycen vůní česneku a cibule, ozýval se smích a konverzace. Prodíral jsem se davem a vybíral další zboží, které jsem potřeboval na týdenní nákup. Než jsem zamířila k pokladně, naplnila jsem **košík** ovocem a zeleninou, těstovinami a chlebem. Fronta byla dlouhá, ale šla rychle. Nakonec jsem nakoupila poslední **potraviny** a byl čas jít domů. Auto bylo naložené a cesta domů byla dlouhá a únavná. Provoz byl hustý a horko úmorné. Konečně auto vjelo na příjezdovou cestu a úleva byla přímo hmatatelná. V domě byl chládek a klid a po **shonu na** trhu to bylo útočiště. Všechno bylo uklizeno a v domě byl brzy zase obvyklý klid a ticho. Měla jsem vše, co jsem potřebovala, abych mohla připravit **chutné** jídlo pro sebe i pro svou rodinu. Bylo dobré být doma.

ook een paar verschillende stukken vlees, en zorg ervoor dat ik grasgevoerd rundvlees en **scharrelkip koop**. De slager was een vriendelijke man, altijd vrolijk ondanks de lange uren die hij werkte. Hij pakte mijn kippenborst en biefstuk in voordat hij met me praatte over zijn weekendplannen. Ik nam afscheid van hem en vervolgde mijn weg. Ik heb ook nog wat eieren en kaas meegenomen uit de zuivelafdeling.

Het krioelde van de mensen op de markt, die allemaal stonden te popelen om de verse producten en het vlees dat werd aangeboden in **handen te** krijgen. De lucht hing vol met de geur van knoflook en uien, en het geluid van gelach en gesprekken vulde de lucht. Ik baande me een weg door de menigte en zocht de andere dingen uit die ik nodig had voor mijn wekelijkse boodschappen. Ik vulde mijn **mandje** met fruit en groenten, pasta en brood, voordat ik naar de kassa ging. De rij was lang, maar het ging snel. Eindelijk waren de laatste **boodschappen** gedaan, en was het tijd om naar huis te gaan. De auto werd volgeladen, en de rit naar huis was lang en moeizaam. Het verkeer was druk en de hitte was drukkend. Eindelijk reed de auto de oprit op en de opluchting was voelbaar. Het huis was koel en stil, en het was een oase na de drukte van de markt. Alles werd opgeborgen, en het huis was al snel weer in zijn gebruikelijke rust en stilte. Ik had alles wat ik nodig had om **heerlijke** maaltijden te maken voor mezelf en voor mijn gezin. Het was goed om thuis te zijn.

Otázky s porozuměním

1. Kam se osoba chystá?

2. Co si chce dotyčný koupit?

3. Kolik tašek má daná osoba?

4. Jak daleko je trh?

5. Co tato osoba právě dělá?

6. Co všechno je na trhu?

7. Kolik lidí je na trhu?

8. Jak dlouho trvalo, než si člověk všechno koupil?

9. Jak se osoba vrátila domů?

10. Co dělal, když se vrátil domů?

Begrip vragen

1. Waar gaat de persoon heen?

2. Wat wil de persoon kopen?

3. Hoeveel tassen heeft de persoon?

4. Hoe ver weg is de markt?

5. Wat doet de persoon op dit moment?

6. Wat is alles op de markt?

7. Hoeveel mensen zijn er op de markt?

8. Hoe lang heeft de persoon erover gedaan om alles te kopen?

9. Hoe is de persoon naar huis gegaan?

10. Wat deed de persoon toen hij of zij thuiskwam?

V kavárně

Bylo sychravé **podzimní** ráno a já jsem si domluvila schůzku s kamarádkou Lily v naší oblíbené kavárně na kávu. Zabalila jsem se do teplého kabátu a šály a vyrazila. Ze stromů padalo listí a vzduch byl štiplavý, ale svítilo slunce a slibovalo krásný den. Během chůze jsem **přemýšlela** o tom, jak je dobré mít kamarádku, jako je Lily. Přátelily jsme se už léta, od té doby, co jsme se potkaly na **univerzitě**. Spojovala nás láska ke kávě a trávení času povídáním v kavárnách. I když jsme teď bydlely každá v jiné části města, stále jsme se jednou týdně scházely na kávu. Přišla jsem do kavárny a Lily už tam na mě čekala. Objaly jsme se na pozdrav a pak si objednaly kávu. Našly jsme si stůl u okna a usadily se, abychom si povídaly. **Káva** byla jako vždy výborná a bylo příjemné si s Lily popovídat. Povídaly jsme si o našem týdnu, o naší práci a o našich plánech do budoucna. S Lily se mi vždycky mluvilo tak snadno a měla jsem pocit, že jí můžu říct cokoli. Po chvíli jsme začaly mít hlad a **rozhodly jsme se** objednat si nějaké jídlo.

Objednali jsme si jídlo a našli si místo u okna. Oknem svítilo slunce a vše bylo teplé a veselé. Při jídle jsme si povídali a užívali si prosté potěšení ze vzájemné **společnosti**. V kavárně bylo rušno, ale nepřipadalo mi,

In een café

Het was een kille **herfstochtend** en ik had met mijn vriendin Lily afgesproken in ons favoriete café voor een kopje koffie. Ik wikkelde me warm in mijn jas en sjaal en ging op weg. De bladeren vielen van de bomen en de lucht was een beetje fris, maar de zon scheen en het beloofde een mooie dag te worden. Terwijl ik liep, **dacht** ik aan hoe goed het was om een vriendin als Lily te hebben. We waren al jaren vriendinnen, sinds we elkaar op de **universiteit** ontmoetten. We kregen een band door onze voorliefde voor koffie en het kletsen in cafés. Ook al woonden we nu in verschillende delen van de stad, we kwamen nog steeds één keer per week samen om koffie te drinken. Ik kwam aan bij het café, en Lily zat daar al op me te wachten. We omhelsden elkaar en bestelden onze koffie. We vonden een tafeltje bij het raam en gingen zitten kletsen. De **koffie** was heerlijk, zoals altijd, en het was zo leuk om bij te praten met Lily. We spraken over onze week, onze banen, en onze plannen voor de toekomst. Het was altijd zo makkelijk om met Lily te praten, en ik had het gevoel dat ik haar alles kon vertellen. Na een tijdje begonnen we honger te krijgen en **besloten we** wat eten te bestellen.

We **bestelden** ons eten en zochten een plaatsje bij het raam. De zon scheen door het raam naar binnen,

že by tam bylo přeplněno. Ve vzduchu byl cítit klid a spokojenost. Když jsme dojedli, ještě chvíli jsme seděli a užívali si klidnou **atmosféru**. Chvíli jsme si povídali o různých věcech, které se nám v životě přihodily. Bylo příjemné si s kamarádkou popovídat a **odpočinout si**. Oknem svítilo slunce a zdálo se, že náš dokonalý den **nemůže nic** zkazit.

Najednou jsem uslyšel hlasitou ránu. Otočil jsem se a uviděl, že stropem propadl nějaký muž a leží před námi na podlaze. Byl **pokrytý** prachem a troskami a vypadal, že je v bezvědomí. Oba jsme s kamarádem byli v šoku, když jsme zírali na muže ležícího na podlaze. Nevěděli jsme, co máme dělat nebo koho zavolat o pomoc. Jen jsme tam tak seděli, zírali na něj a nevěděli, co dělat. Po několika minutách jsem se vzpamatovala a zavolala na tísňovou linku. Operátorka mi řekla, že tam brzy někdo bude. Položila jsem telefon a řekla kamarádce, co jí **operátorka** řekla. Oba jsme tam seděli a čekali na pomoc. Připadalo mi to jako věčnost, ale nakonec **se objevila** sanitka. Záchranáři přispěchali a začali muže ošetřovat.

waardoor alles warm en gelukkig aanvoelde. We babbelden terwijl we ons eten aten, en genoten van het simpele plezier om in elkaars **gezelschap** te zijn. Het was druk in het café, maar het voelde niet druk aan. Er hing een gevoel van vrede en tevredenheid in de lucht. Toen we ons eten op hadden, bleven we nog een tijdje zitten, genietend van de vredige **sfeer**. We praatten een tijdje over verschillende dingen die in ons leven waren gebeurd. Het was zo fijn om bij te praten met mijn vriend en gewoon **te ontspannen**. De zon scheen door het raam, en het voelde alsof **niets** onze perfecte dag kon verpesten.

Plotseling hoorde ik een harde klap. Ik draaide me om en zag dat een man door het plafond was gevallen en voor ons op de grond lag. Hij was **bedekt** met stof en puin en leek bewusteloos te zijn. Mijn vriend en ik waren allebei in shock toen we naar de man staarden die op de grond lag. We wisten niet wat we moesten doen of wie we moesten bellen voor hulp. We zaten daar gewoon naar hem te staren, niet wetend wat te doen. Na een paar minuten kwam ik bij en belde 911. De telefoniste zei me dat er zo iemand zou komen. Ik hing de telefoon op en vertelde mijn vriend wat de **telefoniste** had gezegd. We zaten daar allebei te wachten tot er hulp kwam. Het leek wel een eeuwigheid, maar uiteindelijk **kwam** er een ambulance. De ambulancebroeders snelden naar binnen en begonnen met de man te werken.

Otázky s porozuměním

1. Odkud se vzal muž, který propadl střechou?

2. Proč je žena se svým přítelem v kavárně?

3. Jaká je oblíbená kavárna obou přátel?

4. Jak dlouho se oba přátelé znají?

5. Jaký je oblíbený nápoj obou přátel?

6. Ve kterém městě žijí tito dva přátelé?

7. Jak často se tito dva přátelé setkávají?

8. O čem si oba přátelé povídají, když se poprvé setkají ve své oblíbené kavárně?

9. Jaké je oblíbené jídlo obou přátel?

10. Proč je tak snadné mluvit s Lily?

Begrip vragen

1. Waar komt de man vandaan die door het dak valt?

2. Waarom is de vrouw met haar vriendin in het café?

3. Wat is het favoriete café van de twee vrienden?

4. Hoe lang kennen de twee vrienden elkaar al?

5. Wat is het favoriete drankje van de twee vrienden?

6. In welke stad wonen de twee vrienden?

7. Hoe vaak ontmoeten de twee vrienden elkaar?

8. Waar hebben de twee vrienden het over als ze elkaar voor het eerst ontmoeten in hun favoriete café?

9. Wat is het lievelingseten van de twee vrienden?

10. Waarom is het zo makkelijk om met Lily te praten?

Plavání

Bazén byl vždy **osvěžujícím** místem a dnes tomu nebylo jinak. Sluníčko svítilo a voda vypadala lákavě. Zhluboka jsem se nadechla, ponořila se a ucítila chladivou náruč vody. Chvíli jsem plavala kolečka, užívala si pohybu a možnosti vyčistit si hlavu. Po chvíli jsem vylezla, osušila se a posadila se na ručník, abych si odpočinula na slunci. Zavřela jsem oči, nechala se unášet **teplem a** cítila, jak se mi uvolňují svaly. Najednou jsem uslyšela šplouchnutí a otevřela oči, abych viděla svou malou sestru, jak **pádluje na** mělčině. Usmála jsem se a chvíli ji pozorovala, pak jsem vstala a šla k ní. Chvíli jsme si povídaly, pádlovaly jsme spolu a užívaly si vzájemné společnosti. Brzy se k nám přidali rodiče a zbytek odpoledne jsme strávili společným plaváním a hraním her. Bylo vždycky moc příjemné trávit čas s rodinou u bazénu. Zdá se, že pobyt ve vodě lidi sbližuje. Možná je to tím, že když jsme ve vodě, jsme si všichni rovni - nemůžeme skrývat své nedostatky nebo předstírat, že jsme něco jiného. Nebo je to prostě proto, že je to zábava! **Ať už je** důvod **jakýkoli**, byla jsem prostě ráda, že jsme se mohli všichni sejít a užít si vzájemnou společnost na tak výjimečném místě.

Slunce mi pražilo do kůže a ve vzduchu byl cítit

Gaan zwemmen

Het zwembad was altijd een **verfrissende** plek om te zijn, en vandaag was dat niet anders. De zon scheen en het water zag er uitnodigend uit. Ik haalde diep adem en dook erin, de koele omhelzing van het water voelend. Ik zwom een tijdje baantjes, genoot van de beweging en de kans om mijn hoofd leeg te maken. Na een tijdje kwam ik eruit en droogde me af, waarna ik op een handdoek ging zitten om te relaxen in de zon. Ik sloot mijn ogen en liet de **warmte** over me heen spoelen, ik voelde mijn spieren ontspannen. Plotseling hoorde ik een plons en ik opende mijn ogen om mijn kleine zusje te zien **poedelen** in het ondiepe gedeelte. Ik glimlachte en keek een tijdje naar haar, stond toen op en liep naar haar toe. We kletsten wat en peddelden samen wat rond, genietend van elkaars gezelschap. Al snel kwamen onze ouders erbij, en we brachten de rest van de middag zwemmend en spelend door. Het was altijd zo leuk om tijd met de familie in het zwembad door te brengen. Er is **iets** met in het water zijn dat mensen samenbrengt. Misschien is het omdat we allemaal gelijk zijn als we in het water zijn - we kunnen onze gebreken niet verbergen of doen alsof we iets zijn wat we niet zijn. Of misschien is het gewoon omdat het leuk is! **Wat** de reden ook is, ik was gewoon blij dat we allemaal bij elkaar konden komen en van elkaars gezelschap

chlor. Slyšela jsem zvuky dětského smíchu a cákání v bazénu. Ležela jsem na lehátku vedle bazénu, opalovala se a **užívala si** den. Měla jsem zavřené oči a právě jsem se chystala usnout, když jsem uslyšela, jak ke mně někdo přichází. Otevřel jsem oči a uviděl vedle sebe stát ženu. Měla na sobě bikiny a kolem pasu omotaný ručník. Měla dlouhé blond vlasy a modré oči. V ruce držela lahvičku s **opalovacím krémem.** “Nevadilo by ti, kdybych ti namazala záda opalovacím krémem?” zeptala se mě. “Ne, to je v pořádku,” řekl jsem a posadil se, aby mi dosáhla na záda. Cítil jsem její ruce na své kůži, když mi nanášela opalovací krém.

Její dotek byl jemný a vůně opalovacího krému uklidňující. Znovu jsem zavřel oči a nechal se uvolnit. Slyšel jsem, **jak** se pohybuje, ale oči jsem neotevřel. Spokojeně jsem ležel na slunci a poslouchal zvuk vln **narážejících** na břeh. Po několika minutách odešla a já otevřel oči. Sledoval jsem ji, jak se vrací ke svému lehátku a bere si knihu. Usadila se do křesla a začala si číst. Znovu jsem zavřel oči a nechal se unášet spánkem.

konden genieten op zo'n speciale plek.

De zon scheen op mijn huid en de geur van chloor hing in de lucht. Ik kon de geluiden horen van lachende kinderen die in het zwembad spetterden. Ik lag op een ligstoel naast het zwembad, te genieten van de zon en **de** dag. Ik had mijn ogen gesloten en wilde net in slaap vallen toen ik iemand naar me toe hoorde lopen. Ik opende mijn ogen en zag een vrouw naast me staan. Ze droeg een bikini en had een handdoek om haar middel gewikkeld. Ze had lang blond haar en blauwe ogen. Ze hield een fles **zonnebrandcrème** in haar hand. "Vind je het erg als ik wat zonnebrandcrème op je rug smeer?" vroeg ze. "Nee, dat hoeft niet," zei ik, terwijl ik rechtop ging zitten zodat ze bij mijn rug kon. Ik voelde haar handen op mijn huid terwijl ze de zonnebrandcrème aanbracht.

Haar aanraking was zacht en de geur van de zonnebrandcrème was kalmerend. Ik sloot mijn ogen weer en liet me ontspannen. Ik kon het **geluid** van haar bewegingen horen, maar ik opende mijn ogen niet.
Ik was tevreden met het feit dat ik daar in de zon lag, luisterend naar het geluid van de golven **die** tegen de kust sloegen. Na een paar minuten liep ze weg, en ik opende mijn ogen. Ik keek naar haar terwijl ze terugliep naar haar ligstoel en haar boek oppakte. Ze nestelde zich in haar stoel en begon te lezen. Ik sloot mijn ogen weer en liet me wegdrijven in slaap.

Otázky s porozuměním

1. Kde byl vypravěč na začátku příběhu?

2. Co cítí vypravěč, když otevře oči?

3. Co slyší vypravěč, když otevře oči?

4. Čí opalovací krém dává žena vypravěči?

5. O čem vypravěč sní?

6. Proč je pro vypravěče koupání v moři tak zvláštní?

7.Jaký je pocit z vody, ve které vypravěč plave?

8. Co vidí vypravěč, když vyleze z vody?

9. Co udělá žena poté, co na vypravěče nanese opalovací krém?

10. O čem si vypravěč a žena povídají na konci příběhu?

Begrip vragen

1. Waar was de verteller toen hij het verhaal begon?

2. Wat ruikt de verteller als hij zijn ogen opent?

3. Wat hoort de verteller als hij zijn ogen opent?

4. Van wie is de zonnebrandcrème die de vrouw aan de verteller geeft?

5. Waar droomt de verteller over?

6. Waarom is zwemmen in de zee zo speciaal voor de verteller?

7. Hoe voelt het water aan waarin de verteller zwemt?

8. Wat ziet de verteller als hij uit het water komt?

9. Wat doet de vrouw nadat ze de verteller heeft ingesmeerd met zonnebrandcrème?

10. Waarover praten de verteller en de vrouw aan het eind van het verhaal?

Sekání trávníku

Je deset hodin dopoledne v letní **sobotu** a slunce už nemilosrdně praží. Vydáte se do garáže pro sekačku a máte pocit, že jste **odsouzeni k** těžké práci. Začneš sekat trávník a dáváš pozor, abys jel pomalu a nevynechal žádné místo. Při sekání myslíš na to, jak je příjemné být venku na čerstvém vzduchu. Když začnete sekačku tlačit po trávníku sem a tam, koutkem **oka** zahlédnete souseda. Zamáváte mu a pozdravíte a on vám mávnutí oplatí.

Po pár minutách jste hotovi a jdete k sousedovi na pivo na zahrádku. Je **perfektní** den - není příliš horko a fouká mírný vánek. Sedíte ve stínu stromu, popíjíte pivo a povídáte si se sousedem. Díky takovým dnům si člověk léta váží. Pak **se vydáte** dovnitř na zasloužené pivo. Rozvalíte se na židli na verandě, otevřete plechovku a spokojeně si povzdechnete. Zvuk sekačky ustupuje do pozadí, zatímco vy odpočíváte ve stínu a užíváte si **klidné** chvíle. Pivo chutná po té dřině v horku mimořádně dobře. Už jsem se chystal jít dovnitř, když jsem vedle zaslechl hluk.

Znělo to, jako by někdo plakal. Přestal jsem sekat a přistoupil k plotu, který odděloval naše dvory. Nahlédl

Het maaien van het gazon

Het is 10 uur ‘s ochtends op een zomerse **zaterdag**, en de zon schijnt al ongenadig. Je sjokt naar de garage om de grasmaaier te halen, met het gevoel dat je **veroordeeld bent** tot dwangarbeid. Je begint het gazon te maaien, en zorgt ervoor dat je het rustig aan doet, zodat je niets over het hoofd ziet. Terwijl je aan het maaien bent, denk je aan hoe goed het voelt om buiten in de frisse lucht te zijn. Terwijl u de maaier heen en weer over het gazon duwt, ziet u uw buurman vanuit uw **ooghoek**. Je zwaait en zegt hallo, en hij zwaait terug.

Na een paar minuten ben je klaar, en je gaat naar het huis van je buurman om met hem een biertje te drinken in de voortuin. Het is een **perfecte** dag - niet te warm, met een zacht briesje. Je zit daar in de schaduw van de boom, nipt van je biertje en kletst wat met je buurman. Het zijn dagen als deze die je de zomer doen waarderen. Dan **ga** je naar binnen voor een welverdiend biertje. Je ploft neer in een stoel op de veranda, trekt het blikje open en slaakt een tevreden zucht. Het geluid van de maaier verdwijnt naar de achtergrond terwijl je in de schaduw ontspant en geniet van de **rust** van het moment. Het bier smaakt extra goed na al dat harde werk in de hitte. Ik stond op het

jsem přes něj a uviděl sousedku, paní Johnsonovou, jak pláče na houpačce na verandě. Zavolal jsem na ni, ale neslyšela mě. Přelezl jsem plot a došel k ní. “Paní Johnsonová, jste v pořádku?” Zeptal jsem se. Podívala se na mě se slzami v očích a zavrtěla hlavou. “Ne, nejsem v pořádku,” řekla. “Včera mi umřela kočka.” Byla jsem v šoku. Nevěděla jsem, co na to říct. Jen jsem tam rozpačitě stála a nevěděla, co mám dělat. Nakonec jsem jí položil ruku na **rameno** a řekl: “Je mi to moc líto, paní Johnsonová. Pokud vám mohu nějak pomoci, dejte mi prosím vědět. “ Zavrtěla hlavou a řekla: “Ne, nikdo pro mě **nemůže nic** udělat.” “Ne,” odpověděl jsem. Pak vstala a odešla do svého domu. Chvíli jsem tam stál a nevěděl, co mám dělat. Pak jsem se vrátil k sekání trávníku. Když jsem skončil, nemohl jsem si pomoct a vzpomněl jsem si na paní Johnsonovou a její kočku.

punt om naar binnen te gaan toen ik een geluid hoorde bij de buren.

Het **klonk** alsof iemand huilde. Ik stopte met maaien en liep naar het hek dat onze tuinen scheidde. Ik keek om en zag mijn buurvrouw, mevrouw Johnson, huilen op haar schommelbank. Ik riep naar haar, maar ze hoorde me niet. Ik klom over het hek en liep naar haar toe. “Mevrouw Johnson, is alles goed met u?” vroeg ik. Ze keek met tranen in haar ogen naar me op en schudde haar hoofd. “Nee, het gaat niet goed met me,” zei ze. “Mijn kat is gisteren gestorven.” Ik was geschokt. Ik wist niet wat ik moest zeggen. Ik stond daar maar wat ongemakkelijk, niet wetend wat ik moest doen. Uiteindelijk legde ik mijn hand op haar **schouder** en zei: “Het spijt me zo, mevrouw Johnson. Als er iets is wat ik kan doen om te helpen, laat het me alsjeblieft weten. “Ze schudde haar hoofd en zei: Nee, er is **niets** dat iemand kan doen. Toen stond ze op en ging haar huis binnen. Ik stond daar een ogenblik, niet wetend wat te doen. Toen ging ik verder met het maaien van mijn gazon. Toen ik klaar was, moest ik denken aan mevrouw Johnson en haar kat.

Otázky s porozuměním

1. Kolik je hodin?

2. Kde osoba seká?

3. Jak se dotyčný cítí?

4. Proč musí člověk sekat pomalu?

5. Jaké je počasí?

6. Co dělá osoba po sečení?

7. Co člověk slyší před odchodem domů?

8. Kdo je s paní Johnsonovou?

9. Proč paní Johnsonová pláče?

10. Co říká osoba paní Johnsonové?

Begrip vragen

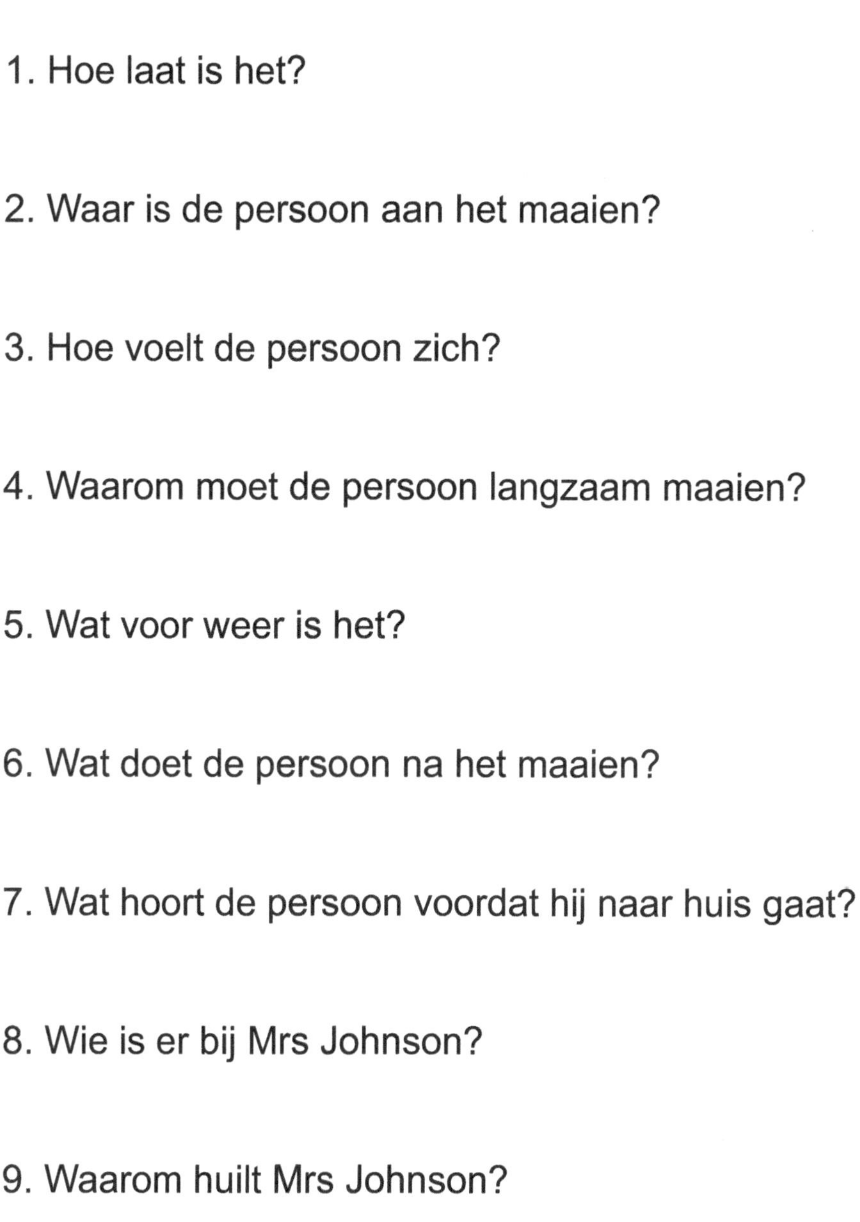

1. Hoe laat is het?

2. Waar is de persoon aan het maaien?

3. Hoe voelt de persoon zich?

4. Waarom moet de persoon langzaam maaien?

5. Wat voor weer is het?

6. Wat doet de persoon na het maaien?

7. Wat hoort de persoon voordat hij naar huis gaat?

8. Wie is er bij Mrs Johnson?

9. Waarom huilt Mrs Johnson?

10. Wat zegt de persoon tegen Mrs. Johnson?

Stříhání

Už několik týdnů jsem se chtěla nechat ostříhat, ale vždycky jsem to nějak odložila. Ale když byly **Vánoce** za rohem, věděla jsem, že už to nemůžu odkládat. Nechtěla jsem přijít na štědrovečerní večeři s rodinou a vypadat jako zanedbaná troska. A tak jsem se brzy ráno na Štědrý den vydala do salonu. I když bylo brzy, v salonu už bylo plno lidí, kteří **si nechávali** udělat sváteční účes. Zaujala jsem místo ve frontě a čekala, až na mě přijde řada. Konečně jsem se dostala na řadu. Kadeřnice, příjemná žena jménem Jill, se mě zeptala, co chci. “Jen zastřihnout, nic drastického,” odpověděla jsem. Jill se pustila do práce a ostříhala mi vlasy. Jak pracovala, začala jsem se uvolňovat. Byl to dobrý pocit, že se o sebe konečně starám. Poslední dobou jsem byla tak zaneprázdněná péčí o všechny ostatní, že jsem své vlastní potřeby nechávala stranou. Ale **teď už** ne. Odteď jsem si na sebe chtěla udělat čas.

Když Jill skončila, podívala jsem se do zrcadla a byla jsem spokojená s tím, co jsem viděla. Moje vlasy vypadaly upravené a vyleštěné - ideální na sváteční setkání. **Poděkovala** jsem Jill a poznamenala si, že se mám vracet častěji. Odteď se budu starat především o sebe. Pustila se do stříhání mých vlasů. Přemýšlela jsem o tom, jak jsem vděčná, že jsem se konečně

Naar de kapper

Ik wilde al weken naar de kapper, maar op de een of andere manier kon ik het steeds uitstellen. Maar met **Kerstmis voor de deur**, wist ik dat ik het niet langer kon uitstellen. Ik wilde niet op het kerstdiner van mijn familie verschijnen als een smerige puinhoop. Dus, vroeg op kerstochtend, ging ik naar de salon. Hoewel het nog vroeg was, was de salon al druk bezig met andere mensen **die** hun haar lieten doen voor de feestdagen. Ik nam plaats in de rij en wachtte op mijn beurt. Eindelijk was het mijn beurt in de stoel. De styliste, een vriendelijke vrouw die Jill heette, vroeg me wat ik wilde. “Gewoon een knipbeurt, niets te drastisch,” antwoordde ik. Jill ging aan de slag en knipte mijn haar weg. Terwijl ze werkte, begon ik te ontspannen. Het voelde goed om eindelijk voor mezelf te zorgen. Ik had het de laatste tijd zo druk gehad met voor iedereen te zorgen, dat ik mijn eigen behoeften aan de kant had laten liggen. Maar **nu** niet **meer**. Van nu af aan, zou ik tijd voor mezelf maken.

Toen Jill klaar was, keek ik in de spiegel en was blij met wat ik zag. Mijn haar zag er netjes en gepolijst uit-perfect voor vakantie bijeenkomsten. Ik **bedankte** Jill en maakte een notitie om vaker terug te komen. Van nu af aan zal ik in de eerste plaats voor mezelf

dostala ke svému účesu. Byl to dobrý pocit vědět, že budu na štědrovečerní **večeři** vypadat reprezentativně. Už jsem se nemusela bát, že si mě rodina bude dobírat kvůli mému “zanedbanému” vzhledu. Po několika minutách mě kadeřnice ostříhala a rychle mi vyfoukala vlasy. Podívala jsem se do zrcadla a byla jsem spokojená s tím, co jsem viděla - čistě ostříhaný vzhled, který bude ideální na štědrovečerní večeři. Teď, když jsem měla účes za sebou, jsem se mohla soustředit na to, abych si užila svátky s rodinou. A za to jsem byla ještě vděčnější.

Byl to **osvobozující** pocit a líbilo se mi, jak můj nový účes vypadá. Když jsem zaplatila za účes, šla jsem domů a začala si balit na cestu. **Nemohla jsem** se dočkat, až svůj nový vzhled předvedu rodině a přátelům. Věděla jsem, že budou překvapeni, až mě uvidí. V den odletu jsem dorazila na letiště s dostatečnou časovou rezervou. Bez problémů jsem prošla bezpečnostní kontrolou a brzy jsem byla na cestě. Jakmile jsem dorazil na místo určení, cítil jsem ve vzduchu vzrušení. Vánoce byly rozhodně ve vzduchu! Na letišti mě přivítala rodina a všichni byli ohromeni mým novým účesem. Několik následujících dní jsme strávili **doháněním restů** a užíváním si vzájemné **společnosti**.

zorgen. Ze begon aan mijn haar te knippen. Ik dacht eraan hoe dankbaar ik was dat ik er eindelijk aan toe was gekomen om mijn haar te laten knippen. Het voelde goed om te weten dat ik er toonbaar uit zou zien voor **het kerstdiner**. Ik hoefde me geen zorgen meer te maken dat mijn familie me zou plagen over mijn "smerige" uiterlijk. Na een paar minuten was de styliste klaar met het knippen van mijn haar en föhnde ze me snel. Ik keek in de spiegel en was blij met wat ik zag: een strak geknipt kapsel dat perfect zou zijn voor het kerstdiner. Nu mijn kapsel achter de rug was, kon ik me concentreren op de feestdagen met mijn gezin. En daar was ik nog dankbaarder voor.

Het voelde zo **bevrijdend**, en ik hield van de manier waarop mijn nieuwe kapsel eruit zag. Nadat ik voor mijn kapsel had betaald, ging ik naar huis en begon ik in te pakken voor mijn reis. Ik **kon niet** wachten om mijn nieuwe look aan mijn familie en vrienden te tonen. Ik wist dat ze verrast zouden zijn als ze me zouden zien. Op de dag van mijn vlucht kwam ik ruim op tijd aan op de luchthaven. Ik ging zonder problemen door de beveiliging en al snel was ik op weg. Zodra ik op mijn bestemming aankwam, kon ik de opwinding in de lucht voelen. Kerstmis hing zeker in de lucht! Mijn familie was er om me op de luchthaven te begroeten, en ze waren allemaal verbaasd over mijn nieuwe kapsel. We brachten de volgende dagen door **met bijpraten** en genieten van elkaars **gezelschap**.

Otázky s porozuměním

1. Co musel hlavní hrdina udělat před Vánocemi?

2. Jak se hlavní hrdinka cítila, když se o sebe starala?

3. Kdo ostříhal hlavnímu hrdinovi vlasy?

4. Proč se rodina hlavní hrdinky chystala ji škádlit?

5. Jak se hlavní hrdinka cítila po ostříhání?

6. Co udělala hlavní hrdinka poté, co se nechala ostříhat?

7. Jaká byla reakce rodiny hlavní hrdinky na její sestřih?

8. Co dělal hlavní hrdina na Štědrý den?

9. Čím byl zážitek hlavního hrdiny výjimečnější?

10. Co by se stalo, kdyby se hlavní hrdina nenechal ostříhat?

Begrip vragen

1. Wat moest de hoofdpersoon doen voor Kerstmis?

2. Hoe vond de hoofdpersoon het om voor zichzelf te zorgen?

3. Wie heeft het haar van de hoofdpersoon geknipt?

4. Waarom ging de familie van de hoofdpersoon haar plagen?

5. Hoe voelde de hoofdpersoon zich nadat ze naar de kapper was geweest?

6. Wat heeft de hoofdpersoon gedaan nadat ze naar de kapper is geweest?

7. Wat was de reactie van de familie van de hoofdpersoon op haar kapsel?

8. Wat deed de hoofdpersoon op kerstavond?

9. Wat maakte de ervaring van de hoofdpersoon specialer?

10. Wat zou er gebeuren als de hoofdpersoon niet naar de kapper zou gaan?

Park

Slunce zapadalo a park byl prázdný. Seděla jsem na lavičce a čekala na svého **přítele**. Měly jsme se tu sejít už před hodinou, ale ona vždycky chodila pozdě. Když už jsem to chtěla vzdát a jít domů, uviděla jsem ji, jak ke mně běží. "Je mi to tak líto," zaúpěla, když došla k lavičce. "Můj vlak měl **zpoždění.**" "To je v pořádku," řekla jsem **shovívavě**. "Právě jsem sem přišel." Chvíli jsme si sedli a povídali si, abychom se navzájem seznámili se svým životem od našeho posledního setkání. Konverzace plynula **snadno a** zdálo se, jako by od našeho posledního setkání neuplynul vůbec žádný čas. Se západem slunce jsme se rozloučili a vydali se každý svou cestou. Příště jsme se setkali v jiném parku. Opět měla zpoždění, ale mně to nevadilo. Bylo příjemné mít někoho, s kým si můžu povídat a kdo mi **rozumí.** Mluvili jsme o svých snech a **touhách, o** věcech, které bychom chtěli v životě dělat. Ona mi vyprávěla o svých plánech procestovat svět a já se podělil o svůj sen stát se spisovatelem. Když slunce zapadlo do dalšího dne, znovu jsme se rozloučili a slíbili si, že tentokrát zůstaneme v kontaktu.

Roky plynuly a naše **přátelství** zůstalo pevné, i když jsme teď žili každý v jiné části země. Udržovali jsme kontakt prostřednictvím dopisů a příležitostných

Het park

De zon ging onder, en het park was leeg. Ik zat op het bankje te wachten op mijn **vriendin**. We hadden hier al een uur geleden afgesproken, maar ze was altijd te laat. Net toen ik het wilde opgeven en naar huis wilde gaan, zag ik haar naar me toe rennen. “Het spijt me zo,” hijgde ze toen ze de bank bereikte. “Mijn trein **had vertraging**.” “Het is goed,” zei ik **vergevingsgezind**. “Ik ben hier net zelf.” We gingen zitten en praatten een poosje, praatten bij over elkaars leven sinds we elkaar voor het laatst zagen. Het gesprek verliep **vlot**, en het leek alsof er helemaal geen tijd was verstreken sinds we elkaar voor het laatst hadden gezien. Toen de zon onderging, namen we afscheid en gingen onze eigen weg. De volgende keer dat we elkaar zagen, was in een ander park. Weer was ze te laat, maar dat vond ik niet erg. Het was fijn om iemand te hebben om mee te praten die me **begreep**. We spraken over onze dromen en **aspiraties**, dingen die we wilden doen met ons leven. Zij vertelde me over haar plannen om de wereld rond te reizen, en ik deelde mijn droom om schrijfster te worden. Toen de zon weer onderging, namen we afscheid van elkaar en beloofden we elkaar dit keer te blijven zien.

Jaren gingen voorbij, en onze **vriendschap** bleef sterk,

telefonátů a vzájemně si sdělovali novinky ze života. Když mi oznámila, že se bude vdávat, nepřekvapilo mě **to** - vždycky byla **dobrodružný** typ. Ale když se mě zeptala, jestli jí půjdu za družičku na svatebním obřadu, který se konal na druhém konci světa, než kde jsem žil... to už mě musela přesvědčovat! Nakonec jsem ale nemohla dopustit, aby se moje nejlepší kamarádka vdávala, aniž bych jí stála po boku, a tak jsem navzdory svým obavám (a po jejím dlouhém přemlouvání!) **souhlasila, že** pojedu s ní, což se nakonec ukázalo jako životní **dobrodružství.**

Konečně nastal den **svatby.** Byla jsem nervózní, ale zároveň jsem se těšila, že budu součástí tak důležitého okamžiku v životě své kamarádky. Obřad byl krásný a ona vypadala šťastně, když říkala svůj slib. **Poté** jsme to oslavili velkou party - vypadalo to, že s ní přišli slavit všichni, které znala! Byl to **kouzelný** den, na který nikdy nezapomenu, a naše přátelství se po tomto dobrodružství jen upevnilo. Teď, po letech, jsme stále v kontaktu. Od našeho prvního setkání jsme **se** obě hodně **změnily,** ale naše přátelství je stejně silné jako dřív.

ook al woonden we nu in verschillende delen van het land. We hielden contact door middel van brieven en af en toe telefoontjes, waarbij we nieuws over ons leven met elkaar deelden. Toen ze aankondigde dat ze ging trouwen, was ik niet **verbaasd** - ze was altijd al een **avontuurlijk** type geweest. Maar toen ze me vroeg of ik haar bruidsmeisje wilde zijn op haar huwelijksceremonie, dat halverwege de wereld zou plaatsvinden, van waar ik woonde... daar was wel wat overtuigingskracht voor nodig! Maar uiteindelijk kon ik mijn beste vriendin niet laten trouwen zonder mij aan haar zijde, dus ondanks mijn angsten (en na veel smeken van haar!) **stemde** ik ermee in om mee te gaan op wat het **avontuur** van mijn leven bleek te zijn.

De dag van de **bruiloft was** eindelijk aangebroken. Ik was nerveus, maar opgewonden om deel uit te maken van zo'n belangrijk moment in het leven van mijn vriendin. De ceremonie was prachtig, en ze zag er gelukkig uit toen ze haar geloften aflegde. **Daarna** vierden we het met een groot feest - het leek wel of iedereen die ze kende was gekomen om het met haar te vieren! Het was een **magische** dag die ik nooit zal vergeten, en onze vriendschap is na dat avontuur alleen maar sterker geworden. Nu, jaren later, houden we nog steeds contact. We zijn allebei veel **veranderd** sinds we elkaar voor het eerst ontmoetten, maar onze vriendschap is nog even sterk als altijd.

Otázky s porozuměním

1. Kde se autorka a její přítel poprvé setkali?

2. Proč přišel autorův přítel na schůzku pozdě?

3. O čem si přátelé povídali, když se po letech znovu setkali?

4. Jak se autorka cítila, když se účastnila svatebního obřadu své kamarádky?

5. Popište prostředí svatebního obřadu.

6. Jak se přátelství mezi oběma ženami v průběhu času změnilo?

7. Jaký je autorův sen?

8. Kam má autorův přítel v plánu cestovat?

9. Proč se autorka zdráhala zúčastnit svatebního obřadu své přítelkyně?

Begrip vragen

1. Waar hebben de auteur en haar vriendin elkaar voor het eerst ontmoet?

2. Waarom was de vriend van de auteur te laat op hun afspraak?

3. Waar hadden de vrienden het over toen ze elkaar jaren later weer ontmoetten?

4. Hoe vond de schrijfster het om de huwelijksceremonie van haar vriendin bij te wonen?

5. Beschrijf de omgeving van de huwelijksceremonie.

6. Hoe is de vriendschap tussen de twee vrouwen in de loop der tijd veranderd?

7. Wat is de droom van de auteur?

8. Waar is de vriend van de schrijver van plan heen te reizen?

9. Waarom aarzelde de schrijfster om de huwelijksceremonie van haar vriendin bij te wonen?

www.ingramcontent.com/pod-product-compliance
Lightning Source LLC
LaVergne TN
LVHW012100160826
845678LV00014B/2892

* 9 7 9 8 8 4 7 9 9 4 9 1 0 *